整合力

能整合多少资源，就能干成多大事

（Wanda T. Wallace）

［美］万达·T.华莱士 著

傅婧瑛 译

YOU CAN'T KNOW IT ALL

科学技术文献出版社
SCIENTIFIC AND TECHNICAL DOCUMENTATION PRESS
·北京·

图书在版编目（CIP）数据

整合力 / (美) 万达·T.华莱士(Wanda T. Wallace) 著；傅婧瑛译. — 北京：科学技术文献出版社, 2022.5（2024.3重印）

书名原文: YOU CAN'T KNOW IT ALL

ISBN 978-7-5189-8872-3

Ⅰ.①整… Ⅱ.①万… ②傅… Ⅲ.①领导学 Ⅳ.①C933

中国版本图书馆 CIP 数据核字（2021）第277596号

著作权合同登记号　图字：01-2021-6863

中文简体字版权专有权归时代华语所有

Copyright © 2019 by Wanda Wallace

Published by arrangement with HarperBusiness, an imprint of HarperCollins Publishers

整合力

责任编辑：王黛君　宋嘉婧　特约编辑：王文彬　责任校对：张永霞　责任出版：张志平

出 版 者	科学技术文献出版社
地　　址	北京市复兴路 15 号　邮编：100038
编 务 部	（010）58882938，58882087（传真）
发 行 部	（010）58882868，58882870（传真）
邮 购 部	（010）58882873
官方网址	www.stdp.com.cn
发 行 者	科学技术文献出版社发行　全国各地新华书店经销
印 刷 者	唐山富达印务有限公司
版　　次	2022年5月第1版　2024年3月第2次印刷
开　　本	880×1230　1/32
字　　数	140千
印　　张	7
书　　号	ISBN 978-7-5189-8872-3
定　　价	59.00元

引　言

茱莉亚又要迟到了，这可不是她的风格——她一向以准时要求自己。然而，先是她乘坐的国际航班出现了延误，接着她所叫的计程车被堵在了路上。算上这回，两个月内，她已经两次没能准时参加执行委员会的会议了，而她本该在这个会议上汇报她负责的全球项目的最新消息。

她一时冲动，居然跳下了计程车，拖着行李箱一路狂奔。当然，让她恼怒的不只是堵车，也不只是迟到。"我该怎么做这份工作？"她不知道该去问谁。

多年来，茱莉亚的领导权威建立在她无可争议的专业能力之上。这些年来，她一直希望在职业生涯中有新的突破，于是接手了一项很重要的工作。然而，她不知道该如何面对，新工作完全不属于她的专业领域。

她处于几个功能性部门交汇的中心，以此实施"敏捷"战略。

她本该调动数据科学家、IT 架构师和其他专家，但这些人并不直接向她汇报工作。另外，她也不了解这些人，她对数据科学和IT 架构一无所知。

她心中有着强烈的自我怀疑："如果我在哪一方面都不是专家，我怎么跟执委会汇报工作呢？"

茱莉亚需要帮助，但她不知道该去找谁。眼看着自己的计程车消失在视线中，她意识到步行的决定大错特错。会议地点距离她仍然很远，她不可能按时到达。

"我要失败了，"她说，"我完了。"

* * * * *

为了保护茱莉亚的身份，我对这个故事的一些细节进行了修改，包括她的名字。茱莉亚是我的客户。她是一个典型的专家型领导者，有着强大的分析型大脑，拥有出色的投资风险评估能力。她可以浏览海量的文件，掌握所有问题的一切细节。

在担任专家型领导者的 8 年时间里，茱莉亚收获的只有赞赏，公司老板和董事会成员都很尊重她，且毫不怀疑她的能力。她的很多下属都明白，她对自己的专业领域几乎无所不知，他们也习惯于满足她所提出的极高的要求。即便茱莉亚有时过于追求完美，由此让下属抓狂，他们仍然认为她是一位优秀的经理人。

尽管茱莉亚收获的评价极高，但她的晋升之路却屡受挫折。因此，当她终于得到一个显著的升职机会时，她立刻抓住了这个机会。私下里，新职位模糊的工作描述让茱莉亚有点儿担心。然而，她相信，无论面对什么挑战，她都能运用自己的分析能力，和过去一样找到解决方案。升职的前几周，关于她要转型成为敏捷技术领域专家的消息，让公司很多高管都颇为惊讶。

转型是非常可怕的，这一点茱莉亚早就预料到了。尽管她负责着一个全球团队，却很少收到直接报告，可供她支配的专门资源少之又少。尽管她一再向家人和朋友保证一切顺利，但实际上她并不知道该怎么做好这份工作。她有一种失控的感觉，不知道怎么与来自各种背景和专业领域的同事交流。她觉得人们不信任她。

人生的全新上升通道

每一个在任何体制内寻求上升的人，显然都会遭遇茱莉亚所面临的挑战：他们必须学会用不熟悉的方式去领导。也许你会发现自己也处于类似的境地。

在执教、做咨询、为全球企业主办研讨会的几十年时间里，我往常解决的问题是，如何从依靠高度专业技能的领导职位（比如，金融知识或熟练的技术）转变到特定专业技能被弱化的职位。在后一个职位上，人们必须用领导力将团队中的各种技术、能力、态度和观点整合在一起。

这种情况下，茱莉亚遇到的问题相当常见。"我该怎么做这份工作？"这本书可以回答这个问题。

在 8 年时间里，茱莉亚一直熟练运用着某种领导力，我们称其为专家型领导力。领导一个缺乏共同知识基础、由各种各样的人组成的团队，显然需要另一种领导力。这两者存在本质的区别。

我是逐步得出这个结论的。我曾是学术研究人员——我在杜克大学的福库商学院教书，后来成为那里高管培训学院的副院长，所以我很熟悉经典的领导形式。然而，走出象牙塔之后，我突然发现，经典理论有时并不能解决现实中人们所遇到的问题。

在企业中，我体会到了全新的专家型领导力，这种领导力并不局限于特定年龄层或管理阶层。按照过去的假设，尽管在一家公司里，需要大多数个体知识贡献者是某个领域的专家，但随着一个人在管理团队中的地位不断上升——从中层管理、总经理直到最终进入决策层，其专业能力的重要性就会越来越低。按照这种假设，职位越高，你就越需要成为"全才型"领导者。

当然，领导的上升渠道其实已经发生改变了，如今的商业世界技术性极强，也更为复杂，这导致很多公司迫切需要领导者拥有深度专业能力。我认识的一个领导者，因为特别热爱自己的专业，他中途离开了一个"旨在将有潜力的经理人培养为国际领导者"的项目，回归了自己热爱的专业领域。放在过去，这绝对是职业自杀行为——他会被一路贬到公司的最底层。可在今天，他却走到了公司的最顶层，因为他的专业领域对公司至关重要！在如今的商业环境中，像他一样的专家能够得到回报、得到晋升，只因他们的专业知识很受尊重。

公司需要领导者掌握与业务部门相关的大量知识，经理们需要了解工作具体细节的同侪。想象一下：你希望自己的公司有一个不懂技术的技术部门领导吗？员工也希望自己的上司是一个知识渊博的人。

无论是金融、IT、法律、生物科技还是房地产，我们都可以在公司的任何层级中找到专家。职业经理人秉持的老派的公司理论放在今天已经不合时宜。相反，越来越多的专业性人才开始进入管理层。

然而，很多机构及处于上升期的领导者还没有做好准备接受这个现实。很多经理人只知道凭借个人的专业能力去领导，这在领导一群拥有和他知识背景一样的人时自然行得通。可到了一定阶段，很多领导者都会遇到和茱莉亚一样的"转变"。他们只有采用不同的领导方式，才能管理与他们拥有不同知识背景、观点与日程的下属。

我不是唯一明白这个道理的人，有大量学术论文聚焦于专家型领导力和通才型领导力的对比。然而，我可能是唯一一个拒绝专家／通才二分法以及"通才型领导者"这个概念的顾问。或许真存在所谓纯粹的通才，且他们在空降到了一个全新领域后还能轻松自如地当好领导者，但我几乎没有见过这种情况。

"通才"这个说法意味着，随着职位提升，你需要成为万事通，这也懂一点儿，那也懂一点儿。不过，我不认同这种说法，我认为你需要的不是泛化的能力，而是"整合"能力。拥有这样的能力后，你的领导力不再只以特定的知识为基础，而是能扩展到各群体之上，它们有着不同的知识基础。

我见过太多的经理人陷入极度挣扎，无法突破专家型领导模式。每一天，在各机构，我都能遇到需要在专业领域之外承担责任的专家型领导者。他们被要求领导一群下属，这些下属对工作的了解远比他们深入，知识远比他们丰富。对于一些凭借专家身份构建职业生涯的人来说，这种转变会让他们感受到极大的震动。

很多女性领导者特别容易在这种转变中陷入挣扎。在掉入专家型领导者陷阱并面临巨大的障碍时，女性尤其显得脆弱，我会在本书的第八章里详细讨论这个问题。

能快速切换的双重能力

这本书源于我的教育、教练经历，源于我与人们的共情以及我对各种现象的强烈感受，这本书综合了我与大量机构及个人合作后所获得的体会。这正是从全新角度理解领导力的精髓。

我的核心观点就是，尽管专家型领导模式与整合领导模式存在显著差别，但几乎没有经理人属于单一模式。我遇到过存在于专家与非专家领导力混合地带的经理人，而混合的程度又各有区别。即便是关注点最为狭窄的专家型领导者，有时也需要与专业领导之外的人互动，接受更为广泛的观点。另外，即便是一家公司最高层的领导者，他们也需要利用专业知识作为决策基础。工作本身也存在流动性，正如我们将在第九章看到的那样，专家型领导者可能暂时需要成为整合者，随后再转回专家型领导者。

也就是说，我所说的不是不同种类的经理人，一个人基本不可能排他地属于整合者或专家型领导者。相反，面对不同问题和需求，在不同的职位上工作时，你需要采用不同的领导方式。我的工作就是帮助你了解如何同时成为优秀的专家型领导者和整合者，何时选择切换，如何去切换不同的模式，如何将两者结合在一起。

*****

　　茱莉亚绝望了。她看到自己围绕数字分析精心打造的个人能力以及对数据的关注，在新工作中只能对她起到有限的帮助。她意识到自己需要全新的技能，却不知道这些技能是什么。

　　不过，她很坚强，能随机应变，可以应对人生或公司向她抛来的几乎所有难题。她下定决心，准备学习扩展自己的领导模式。

　　设计这本书的结构时，我或多或少参考了当初鼓励茱莉亚走上的那条道路。我希望她更多地了解外界对其新工作的预期，让她走进内心，确保自己真正想承担那样的角色，最后再去获取技能，让她成为一个同等出色的整合者。

　　这本书会在第四章对整合力进行分析，并提供一份详细的自我评估方案，帮助读者理解自己作为领导者能够提供的价值。评估方案也能帮助你了解需要自我强化的地方。接下来，这本书会告诉你如何实现预定目标。

　　首先，有必要深入了解一下茱莉亚这些年所做的工作——也许你正在做同样的工作。进入整合领导模式之前，了解专家型领导者的真正姿态，以及他们如此优秀的原因，对任何人来说都极有帮助。

C
O
N
T
E
N
T
S

目录

第一部分

能力篇：从『知识资本』

到『整合力资本』

第一章
专业知识：快速嵌入价值链的资本

让我们认识一下莱昂纳尔，他是一家拥有 12 万名雇员的跨国公司的首席财务官。

尽管公司的财务运作流程极为复杂，但他已经平安无事地运作了好几年，管理着超过 600 名经过精心挑选、接受过良好训练的下属，每名下属都有着极为优秀的专业能力。有一天，在思考一个公司的收购计划时，莱昂纳尔突然感觉少了点儿什么。

这个想法浮上心头时，莱昂纳尔并没有坐在伦敦的办公桌边。那是一个夏天的夜晚，他正在家乡萨里（Surrey）遛狗。收购活动已经从"双方达成原则一致阶段"进入具体协商阶段——事无巨细均在协商范围内，不论是工作业绩指标还是员工的停车位分配。莱昂纳尔和包括首席人力资源官在内的同事仔细讨论了整份协议，但他感觉其中有不清楚的地方——关于目标公司风险计算的陈述存在前后不一致和模糊的地方。当他在会议中提出这些问题时，团队的一个成员向他保证，风险评估已经得到了双重确认。首席风险官也确认，计算数据是准确的。然而，莱昂纳尔还是觉得有些地方不太对劲。

莱昂纳尔是专家中的专家——在专业领域内，他是全世界最聪明的高管之一，而且无比重视细节。他知道每个业务单元上一季度的所有数据。假如财务报表存在让他困惑的地方，他敢肯定问题源自原始资料，而不是他的记忆或业务能力。与商界领袖开会时，他尤其以探讨问题的深度出名。

回到家、脱掉威灵顿长靴后，莱昂纳尔的妻子注意到了他的表情，询问他是不是出了什么事。"只是一种预感。"他说。

第二天，他将一个文件夹扔到了前一天做出保证的团队成员的办公桌上。"再检查一次风险计算。"他要求道。整个团队手忙脚乱地又算了一遍，随后向他汇报，所有数据看上去确实没有问题。然而，莱昂纳尔走过来，向在场的所有人提了一个问题："你们相信这些数字吗？你们100%确定第15页的这个特定数字是正确的吗？你们是怎么得出这个计算结果的？你们会用生命保证这个数字是正确的吗？"

场面很尴尬，在场的所有人都觉得不舒服。

莱昂纳尔拿着文件夹找到了首席人力资源官，经过45分钟的深入交流，通过技术性的财务计算，他们发现目标公司的养老金计划中，存在一个可能带来毁灭性后果的风险敞口；在这之前，无论莱昂纳尔还是首席人力资源官都没发现这个问题。当然，其他人也没注意到这个问题——连目标公司的首席财务官都没注意到（如果你相信这个说法的话）。

莱昂纳尔的团队对他充满敬畏，又深感惭愧。在团队的帮助下，莱昂纳尔为公司首席执行官准备了一份报告。他建议公司修改收购协议——如果不能修改，那就停止收购。

首席执行官和董事会对莱昂纳尔充满感激，感谢他又一次让公司免受不愉快的意外与大量金钱损失。分析师也对莱昂纳尔大加赞赏，他们知道莱昂纳尔是靠得住的人，知道他的预测和精确的计算值得信任；分析师的信任最终也反映在了公司的股价上。

所有人都认可莱昂纳尔是真正的英雄，在这个案例中，他做到了其他人做不到的事情。在以专业技能为基础的领导力中，他运用了最积极、最有建设性、最有价值的那一部分。

专家思维

对莱昂纳尔来说，他的能力完全在日常工作中得到体现。像他一样优秀的专家型领导者总是能帮助公司实现卓越运营。全面掌握特定领域的知识，知道如何利用这些知识提升团队及公司的表现，理想状态下，专家型领导力（我称之为 E 型领导力）意味着这两点的强力结合。

类似莱昂纳尔这种在商业领域具有较高地位的专家大量出现，是一个较新的现象；知识经济的发展，使得公司开始将运营延伸进高度技术性领域。放在过去，想掌握上市公司财务方面的知识，只需要接受几年会计培训、拥有几年商业工作经历。到了 20 世纪 90 年代，企业财务工作开始向专业化方向迈进。哈佛商学院的罗伯特·埃克莱斯（Robert Eccles）指出，1958 年，联合技术公司（United Technology）的首席财务官只需 16 页的报告就足以掌握足够的信息；到了 2008 年，每年财务报告的页数已经达到 98 页。如今，这个数字超过了 180。

最优秀的专家型领导者究竟能带来什么？

想要回答这个问题，我们首先需要退后一步，了解所有领导者需要做什么。每个领导者都需要知道如何增加价值，如何完成正确的工作，如何与他人互动，这是领导力的 3 个基本维度。我会在这本书剩余的内容中反复提及这个框架。

让优秀的 E 型领导者与众不同的是他们面对上述 3 个基本维

度的心态——换句话说，心理模式是优秀领导者与其他人最主要的区别。利用自己掌握的知识、智慧以及保护公司的责任感，专家型领导者可以为公司及其所在团队增加价值。他们的工作注重细节、精准到位，而且关注解决深层次问题。他们经常参与公司长期战略的制订与发展方向的决策。专业技能带给他们的信誉度以及他们掌握的信息，就是这些人在公司里与各级别同侪互动的基础。

大多数领导职位，是专家型与非专家型角色及活动的混合体。很少有管理型职位是单一的专家型或非专家型。因此，在讨论专家型领导力的要素时，我会集中关注领导工作中以专业技能为基础的部分。我的目标就是突出专家型领导力和非专家型领导力之间的区别。

接下来，让我们近距离观察出色的专家型领导力吧。了解专家型领导力的最好办法，就是考察与这个角色有关的一切期望——包括来自上司、同事、下属以及外部利益相关者的期望。从期望角度出发，我会依次思考出色 E 型领导力的 3 个维度。

如何增加价值

对细节的追求让莱昂纳尔备受尊重。只要涉及财务数字，他

第一章 专业知识：快速嵌入价值链的资本

就极具战略眼光，且能够全情投入。同事与公司董事会成员均认可他拥有特定种类的智慧，我称之为"深度智慧"。

莱昂纳尔拥有完美的直觉，知道采取哪些实际行动才能解决问题。由于对相关领域的理解极为透彻，莱昂纳尔甚至有了一种特殊能力，可以感知整个专业领域正在发生的一切。他依靠直觉发现收购协议有毛病，加上面对问题的后续操作，就是一个好的案例。

"深度智慧"最好地总结了 E 型领导者如何增加价值，不过，若是想弄清楚其中的细微差别及后续影响，我们就需要了解其中包含的领导力要素：增加有形价值、控制质量与风险、贡献特定知识及独自完成。

增加有形价值

上司、下属和公司的外部利益相关者均期望 E 型领导者在确定框架内，完善细节后，以丰富的知识与经验为基础，严格按照逻辑做出决策。

E 型领导者看得见的贡献，通常包括有能力突破官僚主义的局限、直击问题核心，他们的天赋与能力对所在公司具有至关重要的价值。航空公司的人如果遇到发动机问题，他们通常不愿意和总经理讨论，而是想和设计发动机的工程师直接交流。E 型领导者能让这变为现实。

　　E 型领导者可以随时很明确地指出自己为公司及团队所增加的特定价值。每天下班回家时，为公司做出的贡献能让他们自己感到满意。

控制质量与风险

　　这个问题反映的是领导者对自己在公司中扮演的角色及担当的职责抱有怎样的想法。总的来说，外界期望 E 型领导者能够保护公司、客户及其消费者。

　　我知道，这个笼统的说法无法让人满意。现实中肯定有不少 E 型领导者，比如研发部门领导、市场专家、销售主管等，他们的工作重点不是保护，而是去探索新机会。不过，就我接触的 E 型领导者而言，大多数人需要在具体工作中承担相当程度的防御性职责。最好的例子就是莱昂纳尔说过的话，他告诉我："我的工作，就是保护公司。"

　　当时我不太能理解他的这句话，可认真思考后，我发现他的说法很有道理。公司高管们希望带着安全感推行战略，希望公司免受冲击、不要犯错。他们在工作中依赖 E 型领导者，因为后者能确保公司得到安全保护。

公司法务部门理应让公司免于法律纠纷；首席财务官应当帮助公司规避财务及监管陷阱。风险部门主管应当了解所有的风险敞口，保护公司免受侵害。

一般来说，与保护职责相伴的通常是控制欲。大多数强势的E型领导者都拥有强烈的控制倾向。最优秀的领导者并非独裁者，也不会事必躬亲；但在能控制质量、明确知道所在机构的发展方向时，他们才最放松、最舒服。对E型领导者隐瞒信息就是自找麻烦。

为了帮助读者了解典型的E型领导者，我决定再讲一个和莱昂纳尔有关的故事。这个故事可能不够跌宕起伏，我的本意也不是突出他高大光辉的形象。讲这个故事，只是为了让读者了解他的思维方式。

就在成功发现收购计划存在漏洞的几周后，一次莱昂纳尔参加董事会会议，他的同事在会上提出了一个创新想法。公司当时正大力推动创新，他们希望以包容、接纳的心态鼓励员工提出各种新方案。然而，莱昂纳尔对这个特定提案很熟悉，并且不看好提案人乐观的未来盈利预期。在对方做完陈述后，莱昂纳尔提出了自己的想法。

没过多久，董事会成员开始暗示，他们觉得莱昂纳尔话说得太多，而且表现出了不必要的消极态度。其中一个人说："说得很好，莱昂纳尔，但现在没必要过度追究数字问题。"然而，莱昂纳尔并没有放弃，这也让董事会主席出现了明显不耐烦的表情。"我们还有机会去研究数字。"董事会主席暴躁地说道。对提案人做出鼓励后，董事会主席结束了讨论。

莱昂纳尔也被气到了。后来他告诉我，他敢肯定自己对提案的看法是正确的，对此我也没有丝毫怀疑。他还说，他并不是态度消极，只是从实际情况出发说出自己的想法而已。可事实是，有时他过于精通财务，导致他只会从财务角度思考问题。

莱昂纳尔的出发点是保护公司不犯错误，并且控制住局面。他不明白，有些时候支持尚不完善的计划同样具有重要价值。这样的局限性，也是与他的个人优势不可分割的重要部分。他不能容忍不准确的陈述和缺乏深度的说法，也无法容忍他眼中的平庸。

贡献特定知识

E型领导者总要面对数量众多的重要细节。对首席法务官来说，这些细节可能是字斟句酌的合同文本；对首席风险官来说，这可能是错综复杂的数学模型；对医药公司的首席医疗官来说，这可能是药物相互作用的数据；对首席人力资源官来说，这可能是不同国家的不同劳务合同的法律法规。每个读者需要负责的细节可能同样复杂。

人们期望 E 型领导者能够掌握所有细节问题。这意味着他们需要知晓大部分数据，还有办法迅速获取剩余数据。人们希望 E 型领导者能够回答利益相关者提出的所有问题，确保团队工作精准无误。

下属在面对技术性难题时，也期望 E 型领导者成为他们的搭档，积极主动地进行思考。莱昂纳尔依靠强大的专业能力领导他人。团队成员愿意与他合作，是因为他拥有强大的知识储备，且能解决难题。同时，他们也期望他成为老师、教练，协助自己培养专业能力。莱昂纳尔不仅满足了这个预期，而且做得更好。他的目标是培养一批立志成为顶尖技术专家的经理人。有谁在分析、关注细节，深入思考、持续向他发出挑战方面表现优异，他就会关注并重视这个人。

莱昂纳尔手下的一个年轻人被派遣去担任首席执行官的执行助理。这样的职位通常被看作发展机会，因为它通常会涉及不同领域的具体工作，还能了解顶尖团队的决策流程。莱昂纳尔同意这项任命，只是因为这个人并非他的团队中最顶尖的人才。当这个人重回财务部门时，莱昂纳尔便对此没什么兴趣了。这个人错过了几年培养自身财务能力的时间，因此减少了自己对财务部门的价值。

独自完成

尽管 E 型领导者通常依靠专业网络及人脉获取建议及指导，但各方均认为他们需要深入研究细节、独自完成大量的工作。

很多时候，E 型领导者的信誉在一定程度上源自他们对工作的实际参与程度。莱昂纳尔的公司依靠复杂的财务业务赚钱，这是一家从上到下由专家领导的公司。因此，高管团队高度重视专业能力以及专家型领导者亲自参与细节的能力，也就不让人感到意外了。有一个例子足以说明他们的这种思维方式。一位高管向我抱怨公司的首席法务官（CLO）似乎不熟悉债券市场的收益率曲线。实际上，人们对首席法务官的不满主要集中在，面对难题时，他总是寻求外部帮助，而公司其他人却认为他应该熟知相关问题的所有细节。这足以说明这家公司的企业文化。

莱昂纳尔的另一个特点，或者说他的另一个问题，就是他倾向于认定其他领导者拥有和他一样多的专业知识。公司管理层时不时因为他对高管的过高期望而感到恼火。莱昂纳尔在董事会上批评不成熟提案时惹怒其他高管，一定程度上就是因为这个原因。莱昂纳尔往往认为其他人和他一样聪明，有能力全面理解他谈论的话题。由于自己能做的事太多，E 型领导者有时会忽视其他人的实际能力。

他们不了解别人的局限性。

　　不过，总的来说，想象一下该公司财务部门工作的情形，如果你想在财务领域发展，你愿意跟着莱昂纳尔这样的E型领导者，还是愿意在一个对财务一窍不通的总经理手下工作？这就是很多人愿意为莱昂纳尔工作的原因。

如何完成（正确的）工作

　　随着莱昂纳尔不断升职，他承担的责任越来越多，头衔也发生了多次改变，但他的具体工作基本保持不变：坐在办公桌边做自己擅长的事情。尽管收获的回报越来越多，但外界仍然希望他担任"制作者"的角色，通过个人努力贡献个人价值。对E型领导者来说，"做事"是他们角色的核心构成。莱昂纳尔的上级对他就是这样要求的，而他对自己的团队也有同样的要求。

　　以这种"搞定工作"的标准为前提，E型领导者通常具有5个特点：居中掌控、依赖专业技能和人脉、深入研究、精神高度集中、做出正确决定。对此，我将依次做出解释。

居中掌控

高管团队、同僚及外部利益相关者通常认为，大多数技术业务环节存在明确的对错之分，员工需要明确的行动指示。因此，他们鼓励或者至少愿意容忍 E 型领导者的直接管理行为。通常控制欲较强的 E 型领导者也乐于承担这样的责任。

根据我的经验，下属通常会形成一种预期，也就是 E 型领导者了解事实后，会给出他们的观点并迅速做出决定。下属也期望 E 型领导者会征求他们的意见——他们的观点是领导者思考的原始资料。在一个运转良好的 E 型领导环境中，员工负责为领导者提供高质量的数据，领导者负责整理、解读、行动。

团队成员可能试图影响 E 型领导者的决策，但所有人都知道，最终决定权掌握在领导者手里。只要得到机会，很多 E 型领导者会迅速展现出权威。这并不会给人以专横的感觉，因为众人期望单方面决定，而 E 型领导者懂得更多。

作为交换，下属通常希望能与 E 型领导者时刻保持接触，可以随时讨论任何细节问题。团队成员会与领导者探讨现实中出现的问题，认真思考后续影响，并解决技术上的困难。比如，我们如何修补系统使之更好地运转？重新设计某个部分会对发动机的排放要求产生什么影响？他们希望 E 型领导者成为思维过程里的搭档，能够理解问题的复杂性。

　　莱昂纳尔就是极好的例子。他花大量时间和其他人相处，了解对方的工作进展。他的下属不觉得这是事必躬亲、微观干涉。他们欣赏莱昂纳尔想要了解一切的心理需求，也明白莱昂纳尔一直以来的工作方式教会了他们如何高效工作。

依赖专业技能和人脉

　　上级、同事和外部利益相关者期望 E 型领导者主要依赖、并与能力突出的一小群人保持顺畅沟通。这样的人包括拥有相似技术背景的团队成员和专业人士。

　　领导者应当精通特定专业领域，这能让他们在沟通过程中充分信任自己的观点。在同一领域工作并晋升的经历，可以成为领导者、团队成员和专业人员建立感情联系的自然桥梁。

深入研究

　　对 E 型领导者来说，不存在无法获取的数据。外界均预期，无论是有关客户、质量、营收还是支出的信息，E 型领导者都非常熟悉，知道如何连点成线、讲述合乎逻辑的故事。莱昂纳尔的一名下属负责一个由监管部门要求的 3 年项目，莱昂纳尔每周都会与他见面，了解项目的进展。每次见面，两人都会深入讨论项目的特定问题。

下属同样期望领导者帮助团队开展工作。这可能是倾听下属的解释，讲解如何完成工作的特定部分。每周汇报工作时，莱昂纳尔和下属的大多数时间都用在了共同解决棘手的难题上，而这也意味着领导者需要亲自解决某些问题。E 型领导者非常喜欢亲手解决问题的感觉。

精神高度集中

在外界的预期中，专家型领导者理应有时间集中精力。他们应当管理自己的日程，这样才有时间思考并完成专业工作。他们将大量时间投入到研究、讨论特定问题之中，最少也要去监控相关问题的进展，认真对待每一个细节。

做出正确决定

E 型领导者应当在取得大部分或全部数据后做出决定，而不是过于依赖本能。即便这一类领导者需要依靠直觉，但就像莱昂纳尔在收购协议中寻找漏洞一样，直觉也需要得到证据支持。人们期望他们的分析正确无误，或者尽量接近完美；不管怎么说，准确性最为重要。E 型领导者也需要按照分析做出合乎逻辑的决策。

我们已经了解了领导力 3 个基本维度中的 2 个，无论是"增加价值"还是"完成工作"，均与专家型领导者的存在直接关联。现在，只剩下 1 个需要考虑的维度，那就是如何与人互动。

如何互动

这个维度的领导力包含多个层面，比如相信自己能够做好工作、依靠理性的争论、针对事实进行对话、怪异的性格被人接受，以及因特定知识而获得他人追随。

相信自己能够做好工作

这里的重点是"自己"。人们期望 E 型领导者对自己的能力拥有巨大的信心。当然，这样的领导者必须相信团队及其他人在特定领域的能力，但他最信任的永远是自己。

依靠理性的争论

任何与 E 型领导者讨论的人都知道，经过充分争论、最理性的观点最终会成为最佳选择。重要的只有逻辑与合理性。

针对事实进行对话

外界普遍认为，E 型领导者的主要兴趣集中于事实。凭借自己丰富的知识储备，他们可以进行几小时与事实有关的讨论。

怪异的性格被人接受

即使 E 型领导者的性格有些怪异，也不会有人在意。人们甚至会喜欢上他的古怪——暴躁的脾气、拒绝阅读或拒绝回复短信之类。随着逐渐熟悉，其他人也会喜欢上这样的性格。

因特定知识而获得他人追随

E 型领导者拥有的知识，是其他人追随他们的根本原因。正是因为拥有丰富的知识和专业能力，这样的领导者才知道正确的前进道路。

世界的掌控者

E 型领导者拥有强大的影响力——信息就是力量，而他们拥有海量的信息。无论在公司内外，这样的人都会受到重视、获得尊重。

莱昂纳尔喜欢时刻被重要数据包围的感觉，他喜欢在这种环境下工作。证明自己的直觉、花费 45 分钟时间和首席人力资源官详细讨论所有数字，这个发现问题的过程远比游玩、听演唱会、滑雪度假或者钓鱼更能让他感到快乐。

莱昂纳尔最喜欢探索的正是数据：数据就像一个复杂的难题，向他发出了挑战。莱昂纳尔的决定建立在精准与控制的基础上——一旦他理解了问题所在，他就认为自己有责任阻止公司收购有缺陷的目标、滑向不可控的方向。

莱昂纳尔的努力和决定得到了由众多经验丰富的财务专家组成的团队的支持，这些专家也精通财务的各个环节。莱昂纳尔知道，团队成员非常敬仰、尊敬自己。他们不介意莱昂纳尔与周边环境格格不入，比如他不擅长眼神接触，没有兴趣闲聊，等等。

团队成员已经习惯了莱昂纳尔强硬、不说废话且高标准的工作风格；他们习惯了莱昂纳尔失去耐心时会发脾气的毛病。他们容忍莱昂纳尔偶尔的过分举动，比如当他认为其他人工作不合格时会用纸团砸对方的习惯。可以说，害怕莱昂纳尔的下属早就辞职了。

莱昂纳尔不介意接手最难解决的难题，这反而能让他坚定自身价值。他意识到团队成员存在专业技能永远无法达到他的高度，而这在一定程度上为他带来了满足感。

出色应对了一个又一个挑战、积累了一次又一次成功后，E 型领导者不仅觉得自己比其他人更聪明，而且会在自己的世界里产生控制感与安全感，能够自在地工作和生活，成为无所畏惧、令人信服、具有影响力且不可或缺的人。

可前提是，他们不会进入一个完全陌生的世界。下一章，我们将会看到他们进入陌生环境后会发生什么。

第二章
能力陷阱：无法突破的职业天花板

　　和莱昂纳尔一样，索尼娅也是极为出色的专家型领导者。她在一家美国排名前列的房地产管理与投资公司的芝加哥分部工作。她的工作是对类似办公空间及购物中心的商业地产的潜在投资机会进行分析，评估商业机会的风险与回报，并向客户推销商业机会。她非常了解市场、风险及商业机会，极其熟悉自己的工作领域。

　　索尼娅的父亲是一位房地产开发商。她大学毕业后不久就被房地产投资吸引，对结果的不懈追求让她脱颖而出。索尼娅承认自己不是一个典型的"经理人"。她对团队建设或友好温暖的工作氛围毫无兴趣，最关心的只是她和团队的工作成果。达不到她的标准，你就只有"走人"这一条路。

　　"我的真正价值，就是能创造价值、完成工作并且赚钱的个人能力。"索尼娅对我说。她还用标志性的坦率口吻对我说："实际上，更重要的是我的表现，而不是团队的表现。不要理解错力量，我的团队能够提供支持，但我的努力才是成功的关键。"

职位得到晋升后，她让自己成长为优秀的战略家及经理人，以此回馈公司。与此同时，她仍然在用自己的方式做事。

"我成为优秀领导者的原因，是我知道如何让团队拿出更优秀的表现，"她说，"他们之所以重视我，是因为通过向我学习可以取得进步，也能赚到更多钱。"

公司的后起之秀都想进入索尼娅的团队，而那些进入团队的人均成为她的忠实拥趸。他们欣赏索尼娅的才华，饥渴地吸收她的见解，原谅她有时过于草率的决定以及面对挫败时的过激反应。进入索尼娅的小圈子是一件让人兴奋的事——成为公司中最有性格、最高效的投资团队的一员，每个人都陶醉于其中。

公司高管团队同样欣赏索尼娅的优点，并且告知她，她可以进入公司最高级别的管理团队。索尼娅和公司认准了同一个职位：拉美地区房地产投资部门主管。索尼娅能说一口流利的西班牙语，一直对投资拉丁美洲充满兴趣，她也知道自己需要具备国际业务经验才能进入高管行列。想做好拉丁美洲地区的工作，同样需要索尼娅所拥有的所有专业能力、个人动力以及强硬的性格。当然，索尼娅还得学习葡萄牙语，但她并不觉得这会花费很长时间，况且绝大多数会议会使用英语。

我非常欣赏索尼娅愿意迈入未知世界的意愿。大多数 E 型领导者不会迈出这一步，他们会把晋升到重要岗位看作通向失败的起点。索尼娅则是一个愿意承受风险的人。她知道，不冒险，自己就不能学到新东西，自然就无法实现个人的最终目标。

尽管她本人非常积极，但晋升的时机总是模糊而遥远。公司希望在"未来某一天"完成这个转变，而目前该地区主管亚伦的工作同样出色，短时间内也不会出现工作变动。

因此，当亚伦突然被竞争对手挖走时，所有人都感到震惊。

"公司放他走让我非常生气，"索尼娅说，"我很清楚，他的离开留下了一个所有人都会感受到的巨大空缺。我们需要迅速补上那个职位空缺。"

索尼娅接受了匆忙状态下的晋升，成为拉丁美洲房地产投资部门主管，这个举动在公司看来甚至有点儿不成熟的感觉。她将领导一个横跨10个国家、使用3种语言（英语、西班牙语和葡萄牙语）的庞大团队。

索尼娅知道自己还没完全做好准备，但她也知道自己已经做了很多铺垫，其中包含她的房地产及投资知识储备、她的工作热情，以及尽管以"反管理"姿态出现但一直以来在管理方面所取得的成功。她将全身心地投入到新工作中。

挑战一：这个女人是谁？

索尼娅在圣保罗的第一周一眨眼就过去了，就像她见过的面孔、听到的名字一样转瞬即逝。她去了10座城市的分部，见了很多员工，专门去办公室和员工握手寒暄。

索尼娅能够轻松应对这样的短暂会面；她知道在这种场合下该怎么说话，部分原因可能是她的思维比其他人更快。在员工转身与她交流的短短几秒钟里，她总能找到可以交流的话题——比如看到办公桌上的嘉奖或者书架上的照片时，她都能借题发挥，顺畅地与人交流。尽管日后记不清自己的交流对象，但索尼娅相信自己已经给对方留下了深刻的印象。

接下来，索尼娅向下属发放备忘录，告诉他们自己办公室的大门永远敞开，而且她会亲自、迅速地回复电子邮件。她计划依靠其他经验丰富的员工帮助自己站稳脚跟。（索尼娅也是写文章的高手。）

索尼娅觉得，自己已经为第一次对员工演讲奠定了良好的基础。她自信地打开麦克风，开始对大会议室里的150名员工讲话，她的讲话同时在其他办公室直播。索尼娅说她很高兴有机会领导这个部门，她看到了这个区域无限的发展潜力。演讲完毕，会议室里响起了掌声，人们纷纷向她表示祝贺。

在那之后，经过走廊的索尼娅无意间听到了两名员工的对话。虽然两人身在她视线之外的咖啡室里，但索尼娅能清楚地听到他们说的每一句话。鼓舞人心的话让她心跳加速，最初她以为两人谈论的是她的演讲，然而，她很快反应过来，两个人说的是她的前任亚伦。她听到了"不可替代"这种说法。说话的两名女性也提到了索尼娅，但内容却不是她想听到的。"这个女人是谁？"其中一个人问道，"她对我们的区域有什么了解？我不想和她一起工作。"

索尼娅深受打击。她是谁？居然有人提出这种问题？过去几周她不是出现在新区域的各个角落并介绍过自己吗？她不是刚刚花了25分钟对他们进行演讲吗？她不是刚刚向他们讲述了一个市场机会吗？他们怎么会不想和她一起工作？

无意间听到这段对话后，索尼娅对员工的看法发生了变化。不再相信员工真的会全心投入，也不再相信自己让员工留下了深刻印象。索尼娅想知道：所有人的目标一致吗？我怎么才能让他们变得忠诚？我必须开除很多人才能获得自己想要的强力团队吗？我需要做什么才能赶走"不可替代"的亚伦的阴影？

挑战二：不可知的派系斗争

索尼娅对亚伦有着很深的印象。事实上她和下属一样推崇亚伦，因为他基本一手创造了拉丁美洲部门的成功，所以她能理解下属的失落感。然而，索尼娅无法理解仍然弥漫在整个部门的悲伤气氛，特别是技术部门。

以技术为导向的人如今在母公司及各个部门随处可见，不仅数据分析需要他们，人力资源甚至投资部门也需要他们——整个公司已经进入数字化阶段。然而，索尼娅始终无法与技术专家形成共鸣。她无法理解对方的思维方式，不知道对方的动力是什么。这些人似乎拥有自己的文化，而索尼娅无法理解这种文化。他们冷酷的表情似乎表明，对一切"老派事物"——非数字化的一切，他们都采取了一种高高在上的批判姿态。

巧合的是，索尼娅抵达圣保罗后不久就见到了很多这样的人。周四下午，他们抽出几小时在公司餐厅一起玩网络游戏——想象一下，所有员工同时中断几小时的工作是怎样的一番情景！当索尼娅去自动贩卖机买蛋白棒补充能量时，她根本不知道、也不理解眼前的一切。

有人看到她后停下游戏，即兴为她做了介绍。这有一点儿像暂停看电影、向一屋子害羞的年轻人介绍家长一样。人们的反应也很冷淡。索尼娅说了几句话，她觉得自己就像一个过时的傻瓜。

　　索尼娅经常听到技术人员像咖啡室里的两名女员工一样对亚伦大加赞扬。显然，亚伦与程序员们建立了强大的联系，而这样的联系似乎让索尼娅没有任何赢得程序员们信任的机会。最让人困惑的是，索尼娅确认亚伦本人并不是技术人员。他究竟如何获得了特定知识、使得自己能够与"技术宅们"打成一片？索尼娅完全想不通。也许只是因为亚伦是男性，也许他会同意对方的任何要求。亚伦的心肠有时很软。

　　如今，距离索尼娅的演讲以及游戏事件已经过去了两周，一个技术团队正在她的办公室和她会面。然而，会面主题却完全不在索尼娅的理解范围内。两名技术经理和两名软件工程师向她提出一个投票系统的提案。

　　投票系统？索尼娅有点儿糊涂了。她问道："谁为了什么投票？目的是什么？"显然，软件工程师不喜欢未和他们协商就指派任务的做法，而技术经理完全认同工程师的看法。技术部门的所有人都想要一个协作性更强的工作环境，而且他们认为尝试各种创意能对创新起到巨大的推动作用。于是，技术人员设计了一个在线系统，这个系统可以让他们和不同部门的经理一起提议、审查、讨论并对各项创意进行投票。工程师也可以利用这个系统，从一系列选择中挑出自己喜欢的工作。技术团队正在争取索尼娅的批准，以便正式推出这个系统。

这一切发生得太快了。索尼娅心想：为什么她在过去的工作中从没听说过这种事？一家公司怎么能让工程师挑选工作？

索尼娅怀疑，技术人员想在她的眼皮子底下扩张神秘可疑的技术文化。他们为什么会在现在、在她任职初期提出这个方案？他们想利用她缺少相关背景知识的弱点吗？

索尼娅没有表露出任何负面情绪。相反，她假装成很关心的样子。她先为自己对这个话题没有深入了解而道歉，进而询问"系统的造价""系统会不会让人分心""这个系统是否是实现创新的最佳方法"，以及"这个系统只在拉丁美洲分部使用，公司其他部门不使用是否合理"。技术经理和工程师做出了回答，但索尼娅并不真正理解他们说的话。

接着，一个经理说："亚伦在离开前已经准备签署这个方案了，但他离开了。"

4个人都看向索尼娅，等待她的回应。然而，索尼娅不知道该说什么。

挑战三：你的副手在哪里？

索尼娅终于做出了决定：结束这次会议。

她做得很委婉，编造了一个借口，说公司总部突然提出了工作要求。她感谢技术经理和程序员为设计这个系统所花费的时间，并且要求他们提供与系统相关的资料，以及其他公司使用类似系统的信息。

4个人看上去都很失望，但索尼娅绝不会因为一群人说"亚伦已经做好了批准的准备"，就仓促地同意一件事。

4个人离开后，索尼娅因为自己不了解技术人员的日常工作而烦躁苦恼，而且技术经理似乎更愿意将她蒙在鼓里。尽管在关键问题上，这些人在行动前会申请她的批准，但他们并没有透露很多自己部门的信息。索尼娅担心自己被隔离在整个工作领域之外。她担心技术部门可能出问题，而自己会在一无所知的情况下被当作替罪羊。

投票系统给索尼娅一种浪费资源的感觉，这些都是年轻一代关于众包和自我管理不切实际的幻想。如果批准启用，这个系统可能扩散到技术以外的其他部门，导致一些工作无法完成，特别是那些琐碎无趣的工作。

敲门声很快让索尼娅忘记了自己对技术部门的担忧——敲门的是团队中的高级成员，这个人让她查看一下收件箱。公司拉丁美洲部门的主管给索尼娅发了一封邮件，这个人也收到了抄送。邮件的内容不仅涉及房地产投资，也与房地产管理和其他业务部门有关。智利政府对公司在智利的一些投资提出了质疑，而拉美部门的主管必须给出答案。

索尼娅早已熟悉这类工作，她知道怎么应对数据。接下来的几天，索尼娅天天在电脑上查看数据。出席临时召开的危机应对会议时，她非常自信能够回答智利政府官员提出的任何问题。

然而，拉美部门主管米格尔的要求却让她措手不及。米格尔告诉索尼娅，他希望她首先简单地说明自己的 3 个主要观点。

索尼娅翻看着手中的资料，试图迅速思考："我的 3 个主要观点是什么？"一个人怎么能靠 3 个干巴巴的观点做出决定？

米格尔突然问了一句："顺便问一下，你的副手在哪里？"

"抱歉，你说什么？"

米格尔解释说，他指的是索尼娅团队里的高级成员，也就是昨天敲门通知她看邮件的那个人。她不知道那个人在哪儿，并如实做出了回答。米格尔看起来不太高兴。"他应该在这儿。"米格尔说。

会议继续进行，索尼娅首先提出了 3 个主要观点，但她的心一直没有放下来。米格尔为什么问起她的团队成员？米格尔不相信她吗？

索尼娅似乎理解不了其他人的期望。会议结束后，她试图思考自己能寻求谁的帮助，但她一个名字也想不起来。她的前夫是费城的律师，也是她最亲密的朋友。然而，他正在处理一个棘手的案件，没有时间和她谈心。另一个可以提供帮助的人是索尼娅的父亲，但他也不在美国。

几天后，当同一群人——两名技术经理和两名软件工程师，再次找上门来讨论投票系统时，索尼娅的沮丧心情仍未平复。她没有时间做调研，于是她选择了虚张声势。

挑战四：应该有个流程

"我研究过了，"她说，"我理解潜在收益，但我讨厌浪费资源。因此很遗憾，我只能要求你们结束这个项目。"

4个人震惊到陷入了沉默。

索尼娅继续说道："这个项目与利润无关，后者才是公司的核心目标。在工作中，我从始至终关注的只有结果。通过找出并规避使人分心的因素，我取得了很好的成绩。我的任务就是消除引发分心的因素。你们的提议，就是一个巨大的分心因素，人们会因此失去对利润的关注。"

4个人仍在沉默。索尼娅继续说道："如果程序员这么不高兴，你得问问自己为什么。为什么他们不高兴？工作环境究竟出了什么问题？想办法做出改善，但不要创造一个成本颇高的低效系统。"

4个人仍在沉默。

"很抱歉这么直白，"她说，"我就是这种风格，你们会习惯的。"

终于，一个技术经理说话了："我不认为你这样就能砍掉一个项目，不是这么做的。"

"抱歉，你说什么？"

"应该有个咨询流程，"他说，"这个项目已经进行很长时间了。我们做了很多研究，投入了很多精力去研发。亚伦，对不起，我的意思是你的前任，确立了重大决策时的合作文化。每个人都是这么想的。"

"我相信好的流程，"索尼娅说，"但这件事上我必须采取行动。我要停止这个项目，如果未来公司业务能够稳定增长，也许我们可以重新启动。"

局面迅速恶化，技术人员很快离开了办公室，而索尼娅也非常生气。她的话过于直白吗？她完全相信自己说出的话，过去她也因为对分心因素的强烈第六感而取得过成功。整个职业生涯，为了最终的工作成果，她都能发现并规避让人分心的因素。她需要把这种工作方法和态度教给现在的团队。

索尼娅想知道技术人员回到自己的部门后会说些什么。她猜测对方会舔舐伤口，谈论亚伦做上司时的美好时光。

索尼娅知道自己很脆弱。尽管有公司最高层做后盾，但她实际上仍在试用期。每个人都在盯着她，想知道她会拿出怎样的表现。

她不知道自己该做何期待。程序员们会重新集结吗？她的拒绝是否会刺激他们绕过她，向母公司或董事会表达不满？

索尼娅没有料到的是，当天和她见面的一个经理后来决定辞职，并且带走了几个核心员工，进而导致整个技术部门陷入混乱。

本能在过去帮了索尼娅大忙，但她从未在这么短的时间里遇到过这样复杂、繁多的挑战。这个职位是不是超过她的能力范围了？她是不是没能理解一些重要信息？

不管怎么说，公司究竟对她有什么期望？亚伦这样的领导者究竟拥有哪些索尼娅缺失的特质？你会做什么？这些都是好问题。

第三章

整合者：调动自己也不懂的东西

想确定一家公司的职员对其领导者究竟有着怎样的期待，并不是一件容易的事。在这个问题上，也许你能感同身受。有时经理希望你关注大局，有时他们又希望你了解所有细节。有时候高管团队自己都不知道想要什么。然而，在如今的经济环境中，有一个趋势越发明显：公司不希望冉冉上升的领导者成为"通才"。"通才"的时代已经一去不复返了。

20 世纪 80 年代以前，很多公司仍然选择通才型领导者，而且把"通才主义"当作"圣经"。通才主义者声称，公司可以培养出众多具有"可替代性"技能的经理人，这样的人可以领导任何团队，可以在需要时进入任何业务领域工作。这种假设的前提是，通才可以轻松学会某业务的特定知识，或者这些知识根本不重要。展现出潜力的个人需要接受大量综合管理的培训，中层管理人员数量庞大。公司通过综合管理，创造了一条从个人贡献者到团队领导，再到经理部门领导的晋升之路。

　　然而，几种力量联合在一起，让总经理的数量越来越少。首先，知识经济的迅速崛起让公司更加重视一个人掌握的知识、专业技能和经验。其次，为了应对 20 世纪 80 年代初、90 年代和 21 世纪初的几次经济衰退，各个公司都在强化自己的竞争力，它们往往会追求扁平式组织机构、减少等级制度，由此降低了中层管理人员的价值。"去层级化"成为流行语，机构精简横扫商业世界。百事公司（PepsiCo）和联合利华（Unilever）过去被视为培养总经理的最佳学校，如今其员工规模也只有巅峰时期的一半。再次，每次金融危机后，政府都会加强监管。为了让立法者、董事会及消费者满意，公司需要让专家担任越来越高、越来越重要的职位。还有谁比一个经验丰富且精通所在领域的专家更适合做领导呢？

　　这个趋势不断发展，最终形成了现在的态势。综合型经理人越来越少，专家型经理人越来越多。很多公司的人力资源部门主管会告诉你，"成为通才"已经不再是进入高管团队的晋升途径，因为很多管理职位不适合只能提供管理能力的人。公司需要且重视的是深度的专业技术知识。

　　这很容易让人产生困惑。公司通常希望专家在晋升过程中仍然能做出个人贡献。领导者有时会被称作"运动员 / 教练"或者"制

作人 / 经理"，人们期望他们花费一部分时间（很多情况下是大量时间），既能创造价值又能进行管理。一个经理拥有 13 名下属，这 13 名下属又分别拥有各自的团队，这个经理可能仍然需要以个人贡献者的身份创造价值。

我随时都能见到这种情况。在伦敦的一家大型律师事务所里，部门主管（放到公司背景下，职位仅比首席执行官低一级的人）仍然需亲自办理案件、处理客户的委托。还有一个例子，一家投资银行交易部门的专家型经理除了管理自己的交易，还要领导纽约、伦敦和中国香港地区的办公室，而且她的老板不想让她放弃每天早上 7 点半到下午 3 点的日常交易操作。相反，他让她在交易时段外挤出时间进行管理。他提出的建议是"优先排序"，即"每天早上跟进伦敦和中国香港的办公室进展，大部分交易时段操作交易，剩余工作时间处理管理事务"。在他看来，她的专业能力过于宝贵，不应该把精力 100% 投到管理上。实际上，他的明确建议就是将 80% 的工作时间用在专业领域，20% 用于管理。

这样的工作安排与人们过去对公司领导者的概念有着天壤之别。正是因为这个原因，经理人通常不理解外界对他们的预期，或不知道外界对他们的衡量标准。索尼娅的上司当然期望她能将自己的专业能力应用于新工作——特别是在确定战略时，尤其需要她的专业能力。然而，新职位的要求显然比索尼娅预想的要多得多。

　　作为一个勤勉认真、具有钻研精神的人，索尼娅决定更多地了解公司对她的期望。她首先研究的就是让她最没有安全感的问题：亚伦拥有而她缺乏的特质。

关于期望的教训

　　索尼娅在新职位上已经干了几个月，这足够让她产生一定程度的稳定感，有机会停下来喘一口气。她热切地开始自学，邀请一名技术经理去餐馆吃午饭。对索尼娅来说，迈出这一步并不轻松，她能感觉到对方的不情愿，但她知道自己需要学习。午餐延续到下午两点以后，在讨论中，索尼娅听到了技术专家们对亚伦的巨大敬意；这种敬意不仅源于亚伦所拥有的技术知识，而且源于他对技术人员的尊重，以及他的判断力、学习意愿和能够抓住技术问题本质的能力。

　　索尼娅也意识到，自己的行政助理（也做过亚伦的行政助理）有可能提供有用的线索，于是邀请她去会议室喝咖啡，征求对方的意见。她从行政助理的口中也感受到了类似的对自己前任的敬重。

最后，索尼娅直接联系了亚伦。当亚伦表示愿意和她聊天时，她松了一口气。亚伦讲述了一些故事，不时夹杂着笑话，他甚至只是轻描淡写地介绍了自己的管理能力。然而，尽管只是电话交流，但索尼娅还是立刻产生一种感觉，自己被对方的温暖与热情紧紧地包围。

索尼娅提出的第一个具体问题与亚伦的技术背景有关，结果后者的技术背景实际为零，他在大学读的甚至不是科学专业。亚伦笑着对索尼娅说，如果她自认为是"老派人"，那他一定来自石器时代，因为他的年龄比索尼娅大15岁（亚伦这是在称赞，不过他确实比索尼娅大5岁左右）。

也就是说，亚伦一定能为技术团队增加与技术无关的其他价值。索尼娅接着问了这个问题。

亚伦首先表示，自己真的没做什么特别的事，接着他描述了自己的管理风格。他时不时会特意安排与一名程序员共同度过一天，不少程序员都有和他一起工作的经历。

"共度一天做什么？"索尼娅问。

"提问题。"他回答。

"你的意思是确保他们做该做的事？"

"不，不是这样。我不是在考验或测试他们，他们会有被冒犯的感觉。不管怎么说，我其实不理解他们做的大部分事情，我永远也搞不明白他们究竟是做错了还是只想走捷径。"

"那这么做的意义究竟是什么？"她接着问道。

"就是为了提问题，这样我才能用有限的能力去学习。我会让程序员解释他正在做的事情，我想知道其中的难点，想让他说出重要的障碍。交流结束后，我能更好地理解他们在工作中面临的挑战，有时还能清楚地知道自己需要在哪里增加更多资源。"

"提出在对方看来'答案很明显的问题'，你会觉得自己很蠢吗？"她问道。

"当然啊！不过，我每天都觉得自己很蠢，所以这也没什么特别的。程序员和我都知道他有一份我做不了的工作。然而，我们也知道，我需要对他的工作有一定了解。"

"我想这让程序员觉得自己更有价值。"索尼娅说。

"我猜也是。不过我敢肯定，他们也会生气我占用了他们那么多工作时间！"亚伦笑道，"他们真惨。"

"你学到的东西对决策有用吗？"

"我的实际决策吗？这个问题不好回答，"他说，"有用，比如要决定是否增加资源、预测是否会出现延迟，或在什么地方需要推动其他团队协助解决技术问题，在这些情况下确实有用。"

亚伦说，高管团队希望看到，索尼娅能意识到自己不再是单纯的E型领导者，尽管她的新工作仍然有专业技能方面的要求。"他们知道，你需要一段时间才能做好新工作，"他说，"因此他们会保留对你工作成绩的评判。不过，有一点他们不想看到，就是不希望你回到过去的领导方式。"其他部门同级的经理人也会以这种方式看待索尼娅。即便没有立刻着手实质性的工作，但同事及高管都希望看到，她明白自己需要全新的领导方式。

亚伦说："你的最大贡献，就是有能力跨越机构界限，看到不同事物之间的联系，去打造稳定性、认可新机会，并且在这个过程中激励整个团队。"

他补充道："认真想的话，这其实挺奇怪的。公司对你担任这个职务有着更多的期待。与此同时，在把时间用于施展专业能力时，他们的期待又会变少。你需要适应这种情况。"

从索尼娅的沉默中，亚伦察觉到，她对自身的一些E型领导力特质有些不满。于是，亚伦接着说："你原有的领导方式本身没有错，也不算误导。完全不是！只是它们没办法完全覆盖你新职位的职责而已。"

电话交流结束后，索尼娅把这段经历写在日记里——这个在某培训项目中形成的习惯，她已经坚持好几年了。每当试图回忆自己的领导风格、寻找有用信息时，日记就会发挥巨大的作用。索尼娅还发现，在日记中记录下大脑中所浮现的想法后，这些想法就不会继续消耗她的精力。如今，这个习惯体现出了真正的价值，能帮助她快速整理思路。

索尼娅写到了她与亚伦的根本区别：她的信心来自（或者曾经来自）自身对细节的理解。亚伦强大的信心与知识无关，而是来自其他方面。

索尼娅还从亚伦、技术经理及行政助理处了解到，公司希望她能成为整合者。公司希望她的领导力不再以专家知识为基础，而是要有能力推动、指导、激励来自不同部门、不同专业领域的人。

索尼娅并没有使用"整合"这个说法。我不会假装她掌握了整合力（简称为 S 型领导力）的全部，也不会假装她真的按照我对领导力的特定思考方式整理了思路。不过，假如她理解了全部，而且按照我的方式整理了思路，她的日记可能就会呈现为以下形式（读者会在第一章中看到类似的框架）：

如何增加价值

认识自己增加的无形价值

"你需要有足够的理解，知道各个部门如何融合在一起，但不要试图了解技术专家们知道的一切，"亚伦说，"不要试图审查每个环节的工作。"

亚伦其实在对索尼娅说，外界期望她能展现出广度智慧，这与深度智慧天差地别。深度智慧在于精通某类知识，而广度智慧则在于拥有大局观。

每个领域都涉及独特的技术，广度智慧能让你的视野跨越领域之间的藩篱，看到其中的关联，知道一个领域的决定将对其他领域产生怎样的影响。

优秀的 S 型领导者尽管承受来自各方及公司上下的巨大压力，但仍能实现巧妙的平衡。她必须掌握足够多的信息，从而能够保证各团队可以高效配合，但没有必要事无巨细都知道，毕竟不需要她自己来完成工作。她应该了解周围人的需求，并能够把公司的目标用简洁、令人信服的方式传达给其他人，推动他们走上正确的方向。同样，她应该非常敏感，可以在第一时间察觉问题所在，从而将更多的精力投入相关领域，从更广大的范围获取资源。

控制战略焦点，优先排序

所谓的焦点，就是那些决定企业成败的关键因素。换句话说，问问你自己：哪件事如果没做好就会使其他所有努力付诸东流？

亚伦帮助索尼娅了解了外界对 S 型领导者不一样的期望。亚伦说，高管团队希望她能从整体角度全面思考问题。他们期望她为团队设定方向，确定战略侧重点。明确重点、了解优先事项后，她手下的专家才知道自己需要做什么。

贡献商业影响

当所有业务部门联合在一起，满足客户需求、在市场中形成竞争力并创造财务成果时，公司便取得了成功。缺少这种全面的联合行动，即便每个部门在各自领域都得到了良好的管理，从长远看也几乎没有公司能取得成功。获得全局职位后，领导者就必须理解公司整体取得成功所需的推动力，并且在整体上做出贡献。高管们希望索尼娅能够理解公司商业部门的业务，并致力于进一步深化商业目标。

各部门负责人显然并不希望和一个自私自利的同侪合作。他们希望她在做出任何决策之前，都能先考虑一下其他业务部门的需求、目标与局限。他们期望，对于业务的各个方面，她都能提升其商业上的可行性。在索尼娅的案例中，上级希望她能阐述一下她对其他地区的意见，而不是局限于拉丁部门，同时还期待她花时间将自己在技术部门积累的成功经验，转换到其他地区和业务部门。

利用其他人制造优势

亚伦说，索尼娅会收到很多涉及各类细节的报告，也应当尊重并关心这些细节。不过，千万别被这些东西彻底淹没了。"我不懂那些细节，而且我也不需要懂。谁具体负责这些工作，谁才需要搞懂这些细节。我的工作就是问他们的想法。"

亚伦认为，他的职责主要是，向业务部门赋能，让他们更出色地完成任务，而不是自己亲自去完成各项业务。他的工作就是确保团队成员做正确的事。

"每个人都期望，你所做的每件事都是经由他人完成的——任何事情你都不应该亲自插手，"亚伦说，"人们期望你去构建社交关系。"

听到亚伦的这种评价后，索尼娅想起了拉美地区负责人米格尔在开会时问她的问题"副手在哪儿"。米格尔的意思究竟是什么？

"这与你对团队的信任有关，"亚伦说，"米格尔期望你的团队比你更了解具体情况，因此，你应该在参加重要会议时带上相关的团队成员。这能让其他人感觉受到了重用。他也希望，在公司其他部门成员的眼中，你的团队是非常可靠的。另外，他还知道，你的团队成员看重来自其他参会者的认可，以及这种'露脸'的机会。"

亚伦表示，索尼娅的团队期望她创造一种环境。在这种环境下，下属能够取得成功，且其贡献能够得到认可。带着问题与她讨论时，他们期望她能展现出"教练心态"——她提出问题，引导他们去思考。

亚伦说，有时员工对上级的帮助抱有很复杂的感情。"我的一个团队成员曾经因为一个技术问题向我寻求帮助，"他回忆道，"我说：'提出要求时一定要小心！我肯定会帮你。不过，当我亲自介入时，我会要求了解更多的细节。你真的想要这个结果吗？'我感觉这种回答让他很沮丧，因为在'我直接插手'这种结果上，他很矛盾。"

"最后他是怎么做的？"索尼娅问。

"他自己完成了工作，并且从中学到了很多。"这给了他成长的机会，也让他能独享功劳。

完成（正确的）工作

在上一份工作中，索尼娅以自己"少言寡语的女性"身份而自豪。领导团队时，她相当直白，且言简意赅。她要求下属在汇报工作时不能出现不确定的说法。同时，她还会设定明确的目标并保持专注，很少浪费时间担心其他业务，也很少花时间与其他领域的人进行互动。索尼娅现在明白，她必须改变一些做法。

为团队赋能

公司最高层期望 S 型领导者更多地利用影响力领导，而不是直接告诉下属需要做什么。对 S 型领导者来说，权力的基础并不在于做事的方法。更重要的是，高管们期望 S 型领导者"无为而治"，信任庞大且多元化的团队。

E 型领导者通常会自己处理非常复杂的决策，特别是在下属把他们的大脑看作装满高深知识的"黑匣子"时。然而，这种单边的决策风格却不适用于 S 型领导者。这与决策速度无关：迅速做出决定没问题，而且通常也比拖到最后再做决定更受欢迎。然而，团队成员希望 S 型领导者成为吸收器、合成器，具有整合信息的能力。他们希望参与整合过程，见证其发挥作用。他们期望 S 型领导者可以通过咨询与讨论流程，认可他们的主动性；他们还期望 S 型领导者经过深思熟虑再做决策，这期间应该让大家都有广泛参与的机会。

"从根本上说，你必须找到那些能把工作做好的人，然后信任他们。"亚伦说。他的选人标准很严苛，不过他会根据公司的现实目标随时调整自己的标准。他知道"支持"所拥有的力量，因此，他很善于发现别人的优点，而不是总在挑刺。

依靠广大的人际网络

外界预期 S 型领导者会扩大人际网络，从中获取信息与指导，影响、说服处于网络中的人们。与其他领域的人交流是 S 型领导者为团队引入新观点的基本方法之一，同时也是 S 型领导者检查团队是否为其他部门提供高质量工作的途径。

接受含糊不清

S 型领导者需要接受一个事实，他们要解决的大多数问题不存在明确的答案。任何担任这类角色的人都应该意识到，学会与含糊不清共存是该角色的内在要求。

具有经常转换焦点的能力

E型领导者可以抽出时间亲自解决最棘手的难题，然而这种日程表类型并不适合S型领导者。相反，S型领导者经常要在不同的主题间转换，很少有时间集中精力深入研究某个问题。

依靠良好判断继续前进

想要某个重要决策有十足的把握，就必须保证拥有足够的时间和信息，S型领导者显然难以满足这个条件。很多情况下，S型领导者面对的事实很含糊，有时甚至不存在任何信息。这听起来像是E型领导者的噩梦；然而，S型领导者却知道如何做出有助于完成工作的决定，并借此发掘出更多额外的信息。S型领导者知道，某一项决策很少是"终审判决"，在人们对于情况拥有全新的理解后，大多数公司会对已做出的决策进行修正和调整。S型领导者应该知道，发展永远不可能一步到位。很多时候，好决策也需要妥协。妥协也是S型领导者的惯用技巧。虽然妥协意味着解决方案存在不够理想的地方，但它不仅能攻克问题，并保证团队继续前进，还可以将观点各异的团队成员联合在一起。

如何互动

索尼娅现在明白了，在与他人互动的问题上，自己没能达到各方的预期。技术团队曾试图说服她批准投票系统，我们可以重点分析一下这次痛苦的会面。索尼娅一直怀疑，工程师试图背着自己扩大其神秘文化的影响力。被这种怀疑蒙蔽了双眼后，她破坏了沟通渠道以及人们的信任。索尼娅意识到，自己必须做得更好。

信任更广泛的人群

各方都希望，S型领导者能够"无为而治"，重用那些比自己懂得更多的人，与不同性格及风格的人合作，懂得如何把这些人团结在一起。尽管E型领导者及其下属通常具有相同的专业领域，比如销售或IT，拥有同样的知识背景，而且工作风格也往往相似，但这些因素均不适用于S型领导者及其下属。

"各方希望，你在团队之外，与其他部门不与你的风格存在极大差别的领导者建立信任关系，"亚伦表示，"这是双向互动。你不仅从他们那里获取信息，也要利用他们指导自己的战略决策。"

索尼娅的同侪则希望，她能抽出时间了解一下，那些与自己不直接打交道的部门如何看待问题与机会。"对于组织以及保证其运转的人，你都应该具备更全面的认识。"亚伦说道。

"不断构建你的关系网，"他说，"打造关系网，扩大关系网，让关系网日益强大。关系网将保证你能通过各种各样的路径向团队赋能。你也可以通过关系网考察团队的工作，确保你的团队应对的是正确的事，还能为团队创造更多可能性。"

亚伦向索尼娅指出，她开始向技术经理、行政助理和亚伦本人了解更多情况，这表明她已经意识到人际关系网的重要性。

依靠人际关系与外交手段解决问题、影响结果

S 型领导者经常遇到一种情况，那就是只能依靠个人说服力推动团队、部门或公司继续向前。各方都希望 S 型领导者人情练达，懂得如何让其他人支持自己的观点及行动。他们也明白讨论时绝不能冒犯同事。

对话时带上感情

尽管亚伦没有明确提到这一点，但索尼娅还是从其讲话方式中领会了这个道理。尽管亚伦始终保持着平易近人的态度，但还是传达了自己多种多样的感情：他诚恳地与索尼娅谈起了工作中让他兴奋以及让他沮丧的地方。和索尼娅认识的很多技术专家不同，亚伦听起来似乎能够理解情绪的原理，也能自然地表露感情。

领导气质

公司高层、同侪及下属都希望，索尼娅面对危机时能保持冷静。即便在其本人一点儿也不乐观时，她也应该表现出极为乐观的姿态。亚伦强调，这种乐观并非"不切实际的，认为天上会掉馅饼"。

S型领导者始终应该意识到，自己会影响其他人的感受。S型领导者应该努力塑造一种信念，即使局面不乐观，问题仍然是可以解决的，一定要让其他人明白"对于下一步应该怎么做，我们是有对策的"。

众人追随是因为领导者能鼓舞人心。

"当初，为了赢得下属的信任，我也费了九牛二虎之力，"亚伦说，"一个直接下属当面质问我'你对我的工作有多少了解'。对此我只能回答'什么也不知道'。这个回答显然不可能让人满意。人们想知道，他们凭什么要追随我。"

由于缺乏很专业的知识背景，因此，人们希望S型领导者能够提供其他理由，进而让下属愿意追随他／她。显赫的工作履历，高价值的人际关系网，允许下属展现能力、培养他人，让团队形成强大的合力，确立收集信息并采取行动的流程，这些都是其他人愿意追随 S 型领导者的原因。

对于 E 型领导者和 S 型领导者之间的区别，我相信大家已经很明确了。接下来，你一定认为，我马上将讨论一个核心问题：如何从 E 型领导者转变为 S 型领导者。

我确实打算这么做——我会重点讲述，E 型领导者如何向 S 型领导者过渡。它需要细致入微且复杂的领导力。

不过，我想暂停一下，帮助读者完成自我评估。

我已经剖析了两种类型的领导力，大家大概已经发现，几乎没有管理岗位严格局限于其中任何一种。目前，各组织的领导岗位几乎都是这两种类型的混合体，你有兴趣追逐的职位大概也是如此。因此，在谈论过渡与转变之前，首先应该讨论一个极为关键的问题：作为领导者，你的价值是什么？

领导价值有多大比例以专业能力为基础，又有多大比例以无形的 S 型领导力为基础？

在现有工作中，你是否需要改变上述两种类型的比例？

如果你目前担任的是 E 型领导职位，同时希望将更多的注意力转移到 S 型领导力上，你的团队成员对此做好准备了吗？或者说，他们是否做好成为专家的准备？

　　如果你正在寻找更加偏重 S 型领导力的新工作，考虑到自身的现有能力，你会面对多大的挑战？你做好面对这些挑战的准备了吗？谁会帮助你？这就是下一章的主题。

第四章

自测：确定自己的能力类型

　　我谈论了很多聪明、充满魅力、有时存在缺陷的领导者，也谈到了他们所遇到的挑战，以及他们的优点和缺点。

　　大家都处于什么位置呢？

　　接下来的 4 章是专门为各位读者朋友设计的。大家大概也一直在反思，想知道自己究竟偏向 E 型领导者还是 S 型领导者。我将提供另一种考察方法，大家很容易借此精确地找出自己的位置，图 4-1 为典型的管理生涯图。

　　我接触的大多数领导者，不管他们是负责柴油机的技术部门、负责财务的功能部门，还是为特定客户类别服务，其职业生涯均以构建专业能力为开端。在其职业生涯的前 10 年，甚至更长的时间里，不断提高专业能力是保证他们取得成功的关键。接下来，他们或正式或非正式地被要求领导一个团队。他们的 E 型领导力在这样的团队中形成并得到完善。

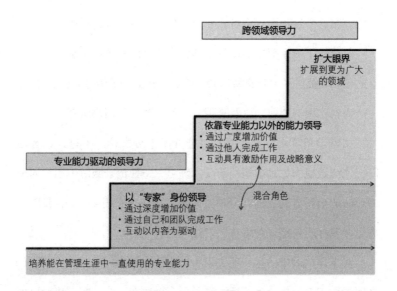

图 4-1 管理生涯图

接着，公司会扩大他们的责任范围，让他们负责一个自己不了解也没有时间学习的领域或部门。有些情况下，他们的工作会分割为专业技能职责和整合职责。

这就是我合作过的经理人如今所面对的现实。确实有少数人属于全职 S 型领导者，但大多数人的日常工作依旧需要在 S 型和 E 型领导力之间不停地转换。不管怎么说，能否处理好工作中与 S 型领导力有关的部分，将直接决定他们职业生涯的走势。

我猜大家也面临同样的局面——正在攀登优秀 S 型领导力的

阶梯。在这个过程中，你可能想知道自己是否适合这样的角色。

我设计了一个简单的评估工具，读者可以利用这个工具了解自身的现状（做了多少专家型领导工作，又做了多少整合者的工作），你认为自己做得如何，以及是否对工作的各个方面都满意。

从科学角度讲，这个工具可能并不十分严谨。不过，读者可以把该测试视为更具结构性的日志练习，一种记录脑海中不停闪现的想法的全新方式。抽几分钟时间填写评估表（表4-1），接着，再思考现有职业路线会将自己带往何方。

对于评估表中的每一项，用1（强烈不同意）到5（强烈同意）之间的数字进行打分。然后，将各列合计数字加在一起，再除以项数，算出平均值。举个例子，如果你第一列的总分是136，而且对全部40项都打了分，那就用136除以40，第一列的平均值就是3.4。

表 4-1　自身现状评估表

	1. 我承担的领导角色要求我做这件事	2. 我擅长做这件事	3. 我渴望更多地做这件事
精神高度集中，希望保护公司免受来自内部或外部的伤害——比如避免犯错，或者解决财务、法律、公司名誉问题和其他威胁			
拥有其他人没有的知识			

表 4-1（续）

	1. 我承担的领导角色要求我做这件事	2. 我擅长做这件事	3. 我渴望更多地做这件事
抽时间了解，与我的工作没有直接关联的其他部门同事如何看待问题和机会，并提出自己的见解			
为推动公司成长而做出大胆的举动或冒险			
加强并重视深度智慧——寻求对我所在领域的更深层次的理解			
通过个人亲自解决问题或教会团队解决问题，定义自己增加的价值			
从大局出发、以更宽阔的视野看待整个公司；理解诸如市场份额、增长、竞争、入门壁垒、定价、最大盈利点以及哪些产品最重要等信息			
相信其他人能比我更好地应对细节			
即便把工作分派给其他人，我也喜欢亲自过问各种细节			
喜欢通过自己知晓的内容与他人建立联系			
加强并重视宽度智慧——对公司及市场、对不同部门及业务线有着整体全面的理解			

表 4-1（续）

	1. 我承担的领导角色要求我做这件事	2. 我擅长做这件事	3. 我渴望更多地做这件事
了解足够多的信息，但仍需要更加深入的理解才有信心做出决策			
相信自己能比其他人更准确、更快地完成工作			
从自己的专业角度提出观点，但让顶层管理人员决定是否听取我的观点			
通过为部门赋予解决问题的力量，定义自己增加的价值			
通过强化与其他人的共同点而构建信任			
大部分时间与和我专业领域相同或者在日常工作中需要依靠我的人互动			
了解细节，能给出正确答案			
依靠他人而非我自己的知识与能力			
帮助他人搭建范围广阔的人际关系网，其中包括可称为思维搭档、导师、榜样和盟友的人			
成为行动中心，所有信息和讨论都要经由我才能做出最后决定			

表 4-1（续）

	1. 我承担的领导角色要求我做这件事	2. 我擅长做这件事	3. 我渴望更多地做这件事
留出时间不受干扰地做自己的工作			
利用我广大的关系网验证团队的观点，或者收集更多的观点			
面对兴趣、语言或风格与我有很大不同的人时保持耐心			
更喜欢埋头于某一项工作中，很享受那种沉浸其中的感觉			
偏向于完美——尽可能完美、不做妥协地完成工作			
偏向于尽可能快地做出决定，知道一个决定能帮助公司向前推进——即便做出这个决定的基础并不完美			
能看到为了前进而妥协的价值，也能容忍这样的妥协			
偏向于在获得所有数据后再做出决定			
维持本专业的专家关系网，我与他们拥有共同的观点和相同的言辞			
能够坦然说出"我不知道"，或者承认自己的局限性			

表 4-1（续）

	1. 我承担的领导角色要求我做这件事	2. 我擅长做这件事	3. 我渴望更多地做这件事
维持广大的人际关系网，其中包括拥有不同专业、能力和兴趣的人			
倾向于用逻辑、分析和翔尽的事实影响他人			
通过自身经验及知识创造的信誉度构建信任关系			
利用我对他人重视事物的理解影响他人			
通过激励他人的能力获得追随者			
倾向于在对话中去除感情，偏向于事实与逻辑			
倾向于投入时间保持精准，不会只为了向正确方向前进而仓促行动			
为了做决定而表达自我，认识到表达形式的重要性			
认可、花时间去理解并吸收其他人对我沟通方式的感受			
总分			
平均分（总分 /40）			

增加有形价值	变为	认可自己增加的无形价值
管控质量与风险	变为	管控战略重点与优先顺序
贡献特定知识	变为	对商业影响力做出贡献
亲自完成工作	变为	创造影响力

这些分数代表了什么？

根据第 1 列最后的平均分，补全下面这句话：

我承担的角色对专家型领导力的平均要求为_____。

如果分数高于 4，那么这份工作更偏重专家型领导力。如果低于 3，对专家型领导力的要求就没那么高。

根据第 1 列最后的平均分，补全下面这句话：

我承担的角色对整合力的平均要求为_____。

关于能力问题：根据第 2 列最后的平均分，补全下面这句话：

在我看来，我在专家型领导力方面的平均分为_____。

如果分数高于 4，意味着你自认为很擅长目前的工作，而这份工作更强调 E 型领导力；低于 3 则意味着相反的结果。

根据第 2 列的平均分，补全下面这句话：

在我看来，我在整合力方面的平均分为_____。

关于自己喜欢做的事：根据第 3 列的平均分，完成下面这句话：

在是否喜欢专家型领导工作的问题上，我的平均分为_____。

根据第 3 列的平均分，完成这句话：

在是否喜欢整合类工作的问题上，我的平均分为_____。

完成上面的句子，至少能让你大概了解公司需要你提供什么价值、自认为工作做得好不好（需要注意的是，平均分不能说明老板及公司认为你做得好不好），以及工作职责是否符合你的心愿。那么问题来了：你会怎么处理这个信息？

你想朝哪个方向前进？

以上的评估表能让你大致了解自己对现有职位的态度及感受。比如，你可能发现自己进行了很多 E 型领导者的活动，而且处理得很好，然而你正逐渐厌倦这样的工作。也许你发现自己在 S 型领导力工作方面表现出色，而且渴望更多这样的工作。或者评估结果表明，你不喜欢整合者的工作，而是渴望过去的美好时光，继续做 E 型领导者。

在上述例子中，你能轻松地确定未来的发展道路：比如摆脱 E 型领导工作，从事更多的 S 型领导工作，或者让自己重回过去的专业领域。

不过，如果评估结果表明一切都刚刚好，想搞清楚未来的方向就比较困难了。

举个例子，假设你的工作更强调 E 型领导力，你是所在领域的专家, 而且非常喜欢自己的工作。这意味着你该保持不变吗?

答案取决于你的长期目标。未来 10~20 年, 你会满足于停留在这个领域吗? 你还会继续热爱自己以专业能力构筑的世界, 不愿放弃吗? 你能接受资历不如自己的人在公司内部超越自己吗? 还是说, 你会投身于全新的事, 比如能开阔眼界的工作? 商业工作以及通过外交手段发挥影响力会引起你的兴趣吗?

也许这些问题的答案所指示的方向意味着不小的风险。若果真如此, 那么这类行动对你而言, 就是延展性的。延展性的任务通常是有益的, 它能帮你脱离舒适区, 进入未知的世界。当然, 你也可以在目前的工作中寻找能够拓展自身领导力的项目。或者, 通过分派任务给下属, 提高团队成员的能力, 改变与团队及团队成员间的互动方式等做法, 你可以调整目前工作的 E 型及 S 型领导力的比重。

从这时起, 你需要和利益相关者及导师多做交流。

为了你的表现、快乐及成就, 很多人都辛苦付出了, 这些人就是你的利益相关者。在公司之外, 利益相关者包括家人和朋友, 也有可能包括人生教练。在公司内部, 他们包括你的上司、前上司、强力支持者以及关系亲密的同事。加上那些提供正式或非正式指导的导师, 这些人能够帮助你找到以下重要问题的答案:

你真正喜欢做的是什么? 未来 5~10 年你想做什么类型的工作

（不用具体说明工作性质）？你希望自己对公司的重大决策具有多大的影响力？你愿意承担多大的风险？目前你会在哪些地方寻找扩展能力的机会？在目前的工作中，你如何才能改变 S 型领导力和 E 型领导力之间的平衡？

把你的评估结果拿给他们看，询问对方的看法。他们是否认为你做了太多 E 型领导者的工作？或者，在接下来几个月或几年里，你应该更多地从事哪方面的工作？

接下来，将所有评论放在一边，采用自己喜欢的任何方法确定自己的真实想法，比如散步、写日记、给想象中的朋友或已经去世的亲戚写封信、冥想，甚至高空跳伞。记住，你所选择的前进方向一定是适合自己的，而非适合其他人。

如果确定自己有兴趣尝试 S 型领导工作，接下来的几章将会告诉你该怎么做。

第二部分

方法篇：逃离『能力陷阱』的三大路径

第五章

价值整合：更改贡献方式的 17 项练习

　　亚伦面对索尼娅时很坦诚。他告诉索尼娅，各方对于整合者都有什么期待，也解释了其他人对她的期望。不过，这只是故事的一半，他并没有告诉索尼娅如何满足这些期望。

　　如果索尼娅有意担负整合者这一角色，她要做的第一步就是，明确自己对公司及其团队的价值已经发生了改变。亲自完成工作、运用自己掌握的知识及提供解决方案，在过去的工作中，索尼娅的价值主要体现在这些方面。她知道，一旦自己离开公司，哪些工作就无法完成；她还知道，工作业绩就是个人价值的最好证明。显然，她的声誉建立在自己的知识以及获取工作结果的能力之上。对索尼娅来说，成为一切活动的中心、控制结果产生，这让她感到欣慰，甚至兴奋。她也因此轻松得出结论，自己需要时刻了解工作进展，即便在假期也不能远离日常工作。

　　然而，新工作却对她的价值方程式提出了完全不同的要求。

大家是否也在面临着相似的挑战呢？

　　这就是本书现在要讨论的主题。具体内容分为 3 章，读者可以分别了解 S 型领导者如何增加价值、完成工作并与他人互动。

　　关于如何增加价值，主要内容包括：

居中控制	变为	为团队赋能
依靠专业能力和人脉	变为	依靠广泛的人际关系网
深入钻研	变为	接受含糊不清
注意力高度集中	变为	有能力经常改变焦点
得出正确决定	变为	依靠良好的判断前进

　　在如何完成（正确）工作的主题下，我会讨论以下内容：

相信自己能出色地完成工作	变为	信任范围广泛的人群
依靠理性的讨论	变为	依靠人际关系和外交手段解决问题并影响结果
沟通交流的内容为事实	变为	带着感情进行交流
古怪的性格被人接受	变为	领导气质很重要
其他人因为特定知识而追随你	变为	因为能鼓舞激励他人而受人追随

　　我会讲述我的一些客户对上述问题的理解逐渐发生变化的故事。比如，安东尼的故事。

安东尼的故事

多年来，安东尼一直在一家全球金融服务公司中担任 E 型领导者，备受尊重和推崇。该企业高层均视他为结构性融资领域的专家，即运用复杂的金融产品帮助客户筹集资金。安东尼擅长与客户打交道，而且因为几项重大交易而闻名。下属喜欢向他汇报工作，因为他们从中能学到大量有用的知识。他被看作优秀的经理人，能够发现并培养人才。

安东尼很想承担更重要的角色，因此在得到晋升时，他非常高兴。然而，没过多久，问题就接踵而至。

安东尼负责主管一个更大的团队，其中既有他的老下属，也有管理流量交易的新团队。之前，在安东尼看来，领导一个团队并增加其价值，必须指导其他人了解自身专业的基本原理，因此他需要帮助其他人解决交易中的难点，回答有关市场趋势的问题，或面对面地向客户分享他的深度知识。然而，在新职位中，他不能再这么做了。

老团队似乎将他排除在了日常工作之外，除非到最终批准的阶段，否则不会再找他商量新交易。"流交易"团队仍然极度忠于他们自己的 E 型领导者，而这个人以铁腕控制着所有工作。安东尼对"流交易"一无所知，也不知道如何与那个团队合作，或者领导他们。他不仅觉得自己被忽视，变得微不足道，而且觉得自己很脆弱：他担心如果交易出问题，自己会变成替罪羊。

因此，当"流交易"部门的主管提到与一个客户之间出现了严重问题时，安东尼突然警惕起来。这个客户觉得自己没有及时收到相关交易信息。安东尼提出自己愿意和客户交流，以此帮助团队，但"流交易"部门主管却说他能处理好问题。安东尼并不相信他的说法。安东尼认为自己应该介入，但不知道该在哪里介入，也不知道怎么介入——而且即便介入了，他也不知道如何帮助团队解决问题。

与此同时，为了扩展业务，公司高层要求安东尼面对潜在客户发表一次演讲。安东尼是个经验丰富的演讲者，但他习惯讨论的是结构性融资，习惯展现自己的专业能力。然而，这次演讲的主题是某个陌生领域的发展趋势，他还必须在演讲中展现公司的整体形象。

潜在客户喜欢这样的演讲，但安东尼却痛恨不已。他深知，这些正是自己在职业生涯初期的演讲中尽力避免的东西——全是概念，毫无实质内容。

安东尼觉得自己不再是公司的关键成员。他不知道怎么为老团队、新团队、客户或公司增加价值。他担心自己变成无关紧要的人，担心下一轮公司裁员时自己处于危险状态。

指导自己平稳度过改变

我非常担心这次晋升的实际效果。我很了解安东尼，很清楚他的适应能力，然而，这次我明确感觉他疑虑重重。压力越大，他在与团队、上司和客户打交道时效率就越低。如果能快速掌握增加价值的新方法，他就能获得成功；如果找不到，他就处在了悬崖边缘。公司高层试图让他安心，认可他对整个团队及公司的价值，并且表示未来他会领导更大的团队，但安东尼怀疑他们只是在安抚自己。

安东尼对自身价值的认知需要在 4 个重要方面做出改变：他要学会认可自己增加的无形价值，接受战略重点，对公司的商业影响力做出贡献，以及通过团队制造优势。

也就是说，要学的东西很多。想真正了解这个转变过程，读者需要把自己摆在安东尼的位置，就像指导安东尼一样，我会帮助读者深入了解这种改变的各个环节。

为了做出这些改变（实际适用于本书推荐的任何改变），你需要两个重要工具：对话与关注。

1. 观察其他人的做法。

2. 与自己尊重的人交流。

3. 询问他们对问题的看法及应对方法，了解他们对你的做法的态度。

4. 告诉人们你会采取什么不一样的做法，从而让他们注意并强化这些改变。

5. 当你决定改变自身行为时，要始终将新行为放在中心，直到养成习惯。在日历上提醒自己每周复核进展。

6. 将某件东西或便签放在最显眼的地方，这样就能每天不断地提醒自己。

从"增加有形价值"到"认可自己增加的无形价值"

大家可以先想想几个问题：

你担心变成可被放弃的人吗？

你是否怀疑自己的实质作用？

你担心自己不再能做出独特的贡献吗？

如果做出肯定的回答，你就需要了解自己能在哪些方面增加无形价值。

在专家世界里，你很明确自己能在哪些方面增加价值：你是专家，你掌握如何完成工作的知识。在整合者的世界里，你能增加的价值实际上并不那么确定。

想知道整合力如何增加价值，就需要思考，除专业知识外，还需要什么才能帮助公司和团队继续前进。对此，其他领导者比你看得更清楚一些。回想一下自己推崇的高层领导在主持会议时的情况；思考一下这个领导者在推动议题时所扮演的角色。这就是整合者最能增加价值的地方。

作为整合者，你将接触到公司的各个部门。因此，在需要解决问题时，你应该知道（或者应该知道）寻求哪个部门的帮助；知道如何向不同部门推销有助于自己团队的解决方案。你可以接触决策者，影响他们的决定，理解他们看待问题和机会的角度。你能明确优先事项，从战略角度将不同要点串联在一起。你也能帮助团队成员构建人际关系网，并赢得更高的声誉。

"个人独特增值点"练习：询问经理、导师或支持者，看看在他们眼中，你的整合力在什么地方发挥了重大作用。他们希望你能让团队具备哪些尚未拥有的特质？

"贡献"练习：假设一下，如果自己不是以整合者的身份出席会议，那么最终决策会有多大的不同？开会时，你会怎样发言，持有怎样的观点？对于解决问题，你会如何提供帮助？参加完这些会议后，你将向自己的团队传达什么信息？如果不参会，你的团队和公司会错过什么？

"团队重视因素"练习：询问团队成员他们最需要你提供哪些方面的帮助，认真留意他们提到的那些无法估价的品质。他们也许想通过你的人际关系网结识某个人；也许需要某个人分担他们的担忧；也许需要有人能代表他们与更高层管理团队抗争；也许需要获得他人的指点，以便更清楚自己下一步该怎么想、怎么做。

"团队发展"练习：思考一下，为了推动职业生涯继续向前发展，团队成员需要培养什么能力。为了帮助团队成员成长发展，谁应该成为榜样、咨询人或导师？在公司中，谁需要知道每个团队成员每天在干什么且具有什么能力？你如何推动这样的互动？

在逐渐意识到其他资深领导者所增加的价值后，安东尼逐渐明白，自己需要在团队和公司中担任怎样的角色。在和教练交流的时候，他坦言自己内心深处一直存在着某种恐惧，害怕自己变成无关紧要的人，这种顿悟才直击要害。我问安东尼，他认为谁为公司创造了最大的价值，我鼓励在他公司高层中寻找这个人。他提到了两个名字：他的老板的老板，以及他老板的一个同事。接着，我让他解释一下，这些人有什么不同凡响的地方？安东尼列出了诸如"平易近人""激励其他人做更多的事（特别是在对方即将放弃时）""利用自己的人脉为其他人创造机会"等。终于，"硬币"落地了。安东尼意识到了其他增加价值的方法。然而，他接着表示："不过，老板的老板所做的事，我肯定做不到。"对此我回答："现在还不行，可如果在这方面努力，你终究能做到。"

从"管控质量与风险"到"管控战略重点与优先顺序"

几个问题：

你认为自己的价值在于监控团队工作的完成情况吗？

你认为自己对管控风险或是大方向负有更重要的责任吗？

每件事都会同样重要吗？

每个错误会带来同等的麻烦吗？

　　如果上述问题你均给出了肯定的答案，且你有志成为 S 型领导者，那么你就需要努力确定重点及优先顺序。

　　重点要明确，优先级要清晰。重要的不是做对一件事，而是选择正确的事去做；不是监控一切工作的完成情况，而是关注真正重要的工作。要做到重点明确，就必须了解公司外部的各种力量，以及公司内部的重点方向。优先级清晰要求你将精力集中在能够产生最大效益的工作上。

　　"客户优先排序"练习：想象一个客户被指派到你身边，全天候追随你，跟你一起开会，查看你写的电子邮件，听你怎么和团队讨论问题。这一天结束后，客户会如何描述你增加的价值？如果你的日常工作无法为客户增加任何形式的价值，你就需要重新思考自己的做法。你的努力与付出放在最重要的工作上了吗？

　　"确立优先顺序"练习：如果一天只能做一件事，你会做什么？精力最旺盛时就去做这件事。如果突然间只有现在一半的时间，你会放弃做什么？想清楚后，就放弃这些工作吧。有什么事现在可以停下来？假设法律规定你一周的工作时间不能超过 40 小时，那么你会怎么安排工作，焦点会放在哪里？

　　"错误"练习：对于整个团队而言，工作中的哪些错误是致命的，且会对整个公司的效率产生重大影响？在这些错误中，筛选出危害性最大的那一个。哪类错误尽管让人讨厌，但对其他人不会产生太大的影响？我有一个客户是资深高管，他常常为一些鸡毛蒜皮的事情而忧心忡忡，比如演讲稿中注释的字体与正文不同。像这样的问题实在不值得浪费你宝贵的工作时间，一定要把精力集中在重要问题上。

"知晓"练习：亲自过问团队的一切活动，这不仅将导致团队成员不满，也会给你自己带来巨大的压力。为团队的每个成员制订一份工作清单。除团队成员名字外，注明他／她的职责以及必须定期向你汇报的内容，以便在跨部门互动时更好地展现团队工作成果。将这些告诉你的团队成员，并解释一下，要求他们定期汇报工作的原因。聚焦那些你需要了解的关键信息，而不是工作的每一个细节。

"高等级决策"练习：想出一个你不认同的公司决策，竭尽全力搞清楚，为什么其他人认为这是最佳选择。你可以从多个角度解释这个决策，每种解释都有可能是正确的。在做该决策前，大家关注的焦点是什么？是规避风险，让其他人愿意接受更剧烈一些的变革，长期成本，眼前收益，减少预算，还是其他问题？

从"贡献特定知识"到"对商业影响力做出贡献"

几个问题：

当其他人讨论商业话题，比如利润、品牌或竞争优势时，你是否更愿意讨论一个项目的内部技术细节？

你是否认为，对公司而言，特殊知识构成了你的价值基础，这些知识可以用来解决问题、推动相关工作？

你是否认为，自己应该知道团队的一举一动？

如果不能回答团队成员提出的技术问题，你是否认为，他们将会质疑你的领导地位？

当你发表演讲时，公司高层是否会变得眼神呆滞？

你是否自己更喜欢用本专业的术语谈话，不习惯按照公司高层更熟悉的方式讲话？

如果对以上问题的回答皆为肯定，你就需要投入更多注意力去关注商业影响力。

商业思维的根本，就是基于更广泛的背景来理解公司及其业务。这包括客户视角、行业趋势、竞争对手的措施，以及内部优先排序。你可能明白自己所从事的领域在整个商业中的地位，但你是否也了解什么东西在驱动其他部门追求商业上的成功？提出关键的问题，这些问题与自身专业无关，但与整个公司的长期成功密切相关，这就是商业影响力的核心。

让我们先把具体落实和技术细节问题放在一边，思考一个项目6个月后、1年后和3年后的影响。能盈利吗？竞争对手会做出什么反应？如果打算用3年实现某项目，需要什么才能保证这个目标的完成？公司是否拥有取得成功必需的人才、资源和合适的流程？如果没有，你能做什么来获取这些资源？假如目前没有实现最终目标所需的所有资源，你又该如何向最终目标迈进？

与已经拥有商业思维的人相处，是培养商业思维的方法之一。你可能不会自然对他们产生好感，或者最开始很难理解他们的观点，无法参与他们的对话。即便如此，要注意他们的关注焦点以及他们提出的问题；培养像他们一样看世界的能力。从他们的角度提出问题，而不要局限于自己的专业角度。

锚定几个重点问题，以此帮助自己了解业务情况。通过聚焦那些关键议题，你就可以找到这些问题，它们通常涉及重大经费预算事项及重大变革措施。在石油行业中，如果时时想着"这会如何影响上游运作"，就很容易将自己的关注点聚焦在某些地方，这些地方最有可能产生不可预测的结果。此外，通过了解公司的瓶颈，你可以快速明确那些最要命的问题。搞清楚业务盈利的核心推动力，你就会很自然地完成聚焦。

"战略挑战"练习：在《盈利模式》（*Profit Patterns*）一书中，作者确定了市场中的 30 种变化模式，它们能够颠覆企业战略或创造全新的机会。比如，关注以下趋势，它可能存在于任何市场部门：彼此独立的行业合并为一个全新行业。在这种局面下，价值链将先"去整合"，然后再重新"整合"；价值链中的弱关系开始变得越来越强，各节点的权力和影响力被重新分配；专业化会比业务广度更重要，对客户进行细分成了利润之源；知识逐渐产品化（productized）；公司内部各部门的重要性排序出现全新变化。上述变化中，你所在的公司会涉及哪些？未来 3 年哪些变化的影响力最大？你正在做的工作有助于公司适应这些变化吗？与自己所在的技术部门以外的人交流，了解他们的看法。很快，你就会发现，自己开启的正是战略对话。让团队成员也加入这样的讨论，以便他们也能注意到这些变化的战略性影响。

"商业素养"练习：先试着回答如下问题。

商业素养测试

你的公司如何赚钱？公司的每一元股本，能够形成多少利润？在这个过程中发生了什么？

公司市值多少？市盈率多少？年营收又是多少？

竞争对手相比，这些数字乐观吗？

他们的主要竞争对手是谁？他们的强项是什么？

公司的主要客户是谁？他们为何购买你们的产品或服务？他们的购买标准是什么？

自己的主打产品或服务的市场份额是多少？在细分市场的高端客户群中，你们的客户占有多大的比例？

公司高管的目标是什么？他们的主要担忧是什么？

"理解市场竞争"练习：分析竞争对手的优势和弱点。试着从竞争对手的角度出发，以他们的视角看问题。转换到竞争对手的视角后，你会改变对自己公司的优势和弱点的看法吗？看看下面的表格（表5-1），里面列举了很多值得思考的重要问题。回答这些问题将有助于强化自己的商业意识。

表 5-1　优劣调查表

调查领域	关键问题	优势	劣势	结论与观点
公司自身状态	有怎样的内部架构 在内部架构上做出了哪些改变 为什么做出这些改变 公司的盈利能力究竟如何			
公司所处环境	公司内部的业务链是怎样的 公司为客户提供的价值链是怎样的 存在哪些战略盟友和伙伴			
资产与能力	存在哪些有形资产 存在哪些无形资产（品牌、关系、知识、人力资本） 拥有哪些能力或实力（技术、制造、人力）			
心态	对客户存在哪些假设 对市场存在哪些假设 对公司 竞争对手 技术 未来场景 能力			
战略	透过上述信息，你能够看出公司在执行什么战略吗 这些信息对未来战略会产生什么影响 这些信息对你会有什么影响			

　　你可以将这种分析模式套用在自己的公司上。倾听分析师的简报；阅读商业部门的战略文件；与来自商业部门的同事一起吃饭，通过提问获取信息；和销售人员共度一天，观察他们怎么与客户交流；了解客户的投诉。这些都能帮助你更好地了解公司。

　　"市场表现"练习：归根结底，市场表现就是将产品或服务推向市场，赢得客户的支持并战胜对手。对于市场表现而言，公司里的每个人都扮演着特定的角色。

　　你和你的团队为公司的产品或服务做出了什么贡献？每个团队都该做出某种形式的贡献，否则团队就没有存在的必要。

　　你和你的团队能在改善产品或服务中做出什么贡献？

　　你和你的团队对产品或服务起到了什么负面影响？

　　和团队成员、上司以及同侪讨论这些问题。针对上述3个问题，寻找任何可以改善的机会。

从"亲自完成工作"到"创造影响力"

　　有任务需要完成时，你是否认为自己能更快、更好地完成工作，进而亲自动手？

　　如果没有亲自处理细节问题，你是否担心自己无法回答公司高层提出的问题？

　　明知下属有能力，你是否也会亲自动手？

　　如果不亲自动手，你是否会产生自己随时可能被抛弃的感觉？

如果对上述问题都做出了肯定的回答，你可能就需要换一个角度思考如何增加价值的问题：创造对他人的影响力。影响力具有重要意义，因为依靠其他人，你所能做到的事情要远超一个人的单打独斗。利用影响力时，实际上你也培养了公司其他人的能力，为他们留出了提高能力、做出更大贡献的空间。因为这些原因，能创造影响力的人才是公司最有价值的领导者。依靠影响力并不等于抛弃责任或彻底撒手不管，关键在于将正确的团队摆在合适的位置，并监控整个流程。

将正确的团队摆在合适的位置

能否创造出影响力，很大程度上取决于能否为自己配备正确的人。E 型领导者喜欢寻找与自己拥有相似知识背景、经历和工作风格的团队成员，而 S 型领导者需要的则是拥有广博知识以及多种能力的人才。

为了创造影响力，你需要为每个团队成员指定两三件任务。评估每个成员推进这些任务的难易程度；给出反馈意见，制订人员发展计划。如果他们在执行任务时出现了纰漏或错误，一定要压抑自己插手的冲动。这样做只会强化团队成员对你的依赖，把所有难题都直接丢给你。相反，你应该要求团队成员发现并独立解决问题。

没错，短期内这确实会耗费很多时间。然而，着眼未来，你将因此节省更多的时间。

如果你觉得自己需要采取更为极端的操作，比如换掉一个人，那就不要拖延——立刻动手。手法要尽可能仁慈些，但必须动手。经理人们经常说，他们最大的遗憾就是没有尽快采取行动。

如何确定自己拥有正确的团队？通过以下两个练习，你将很容易找到这个问题的答案。

"能力差距"练习：评估一下，如果你彻底摆脱专家角色，那么团队成员需要哪些技术能力才能顶上来。明确包括自己在内，哪些人拥有这样的能力。差距是什么？需要做什么才能培养某个人填补差距？值得为此付出努力吗？

"谁在哪儿"练习：确定一个人是否处于正确的位置。比如，一个IT部门的领导接手了一个团队，该团队在交付方面口碑极差。在这个团队中，有一名成员尽管技术合格，但在面对客户时一直口碑欠佳。将他调到其他职位、面对完全不同的客户后，整个团队获得了多赢。在这个案例中，经理首先对一个人的能力拥有准确地把握，同时还知道客户关系出问题的原因。你要确保（公司内外的）客户都认同你做出的任何改变。

监控流程

对于一个习惯于靠专业能力领导的经理人，在创造影响力时往往存在两方面的担忧：如果依靠别人，我怎么保证不出现损失巨大或让人尴尬的错误？我又怎么知道团队在做什么、项目的进展，以及如何回答公司高层提出的问题？

你可以通过确定并监控重点指标来消除这些担忧。这些指标一般是财务指标，也可以是客户满意度、成本率、净推荐值、质量标准、员工保持率和采用率等其他指标。具体选择什么指标，取决于企业当下最重视什么。

一定要选择那些能够满足需求的指标，不要一味求多，搞得太复杂会让自己陷入麻烦。将指标数量限制在有限的范围内。比如，在 20 世纪 90 年代，为了改善投递效果，联邦快递公司（FedEx）设计了一个简单的指标，这个指标只计算 5 个常见的配送点错误。利用这个指标，只用一个日常数字就能监控、对比所有网点的数据。指标一定要聚焦在少数重大和重要的事情上。当高管要求了解公司的实时状态时，你就可以很快捷地对各项工作进行总体性的概述。

"放手"练习：列出自己负责的所有项目和任务，确定每个项目和任务的"放手"程度及原因。为每个项目确定一个可用于监控的指标，确保一切朝正确的方向发展。和自己的上司讨论这个想法，以此确定自己的直觉是否合理。

创造影响力还意味着，即便团队成员的专业能力不如你，也要给予他们更大的发挥空间，让他们有机会提升自身能力。我的意思当然不是让你无条件地相信每一个人。你必须验证团队说的一切——比如，和其他部门的同事交流，了解情况。如果同事的说法与团队一致，你就可以信任团队。如果不一致，你就需要亲自了解细节，找出事情的真相。

"验证"练习：列出10项你需要从团队处了解的事情，其中包括事实、衡量标准、障碍和成功者。每一项旁边列出，哪些信息和观点能够验证或表明出现了大范围的失实情况。同时，标注自己私下可以和哪些人讨论这些话题，以验证从团队成员处获得的信息。然后，和这些人交流一下。

参加任何会议时，都至少带上一个团队成员。这样做有多个目的：一是让团队有机会在S型领导者在场的情况下完成任务，为整个团队赢得更好的声誉；另一方面也能让团队成员获取新技能，获得成长。

开会时少说话，让团队成员获得更多说话的机会。观察并记录团队成员发言时的表现。重要会议结束后，将你对他们的看法反馈给对方，以此增强他们的信心、提高他们的能力。

安东尼的启示

担心自己的知识储备，不确定自己如何解决团队的问题……安东尼逐渐卸下了各种心理负担，开始对自己所增加的价值越来越有信心。他做的第一件事，就是不再插手所有交易细节。接下来，他不再试图变成和"流交易"团队一样的专家。当他在自己的职务上越来越游刃有余时，团队成员就更加愿意全身心投入工作了。安东尼意识到，他的价值就是确定重点和优先事项，寻找资源，并提高团队能力。最终，团队所取得的成绩远远超过了安东尼的预想。

不过，这并不是说转变过程轻松简单。"这项工作比我想象得要难，"他说，"过去我不知道除了特定的技术知识，领导者能为团队增加什么价值。然而，现实却是，从技术角度来说，两个团队都不如我想象的那样需要我。他们需要我确定优先事项，需要我游说公司高层人员，并且为他们创造机会。"

如今，当营销、IT、通信或人力资源等其他部门讨论工作时，安东尼会认真倾听他们的讨论，因为对方的问题与他息息相关。他知道，这些部门的工作最终也会推动他的团队向前发展。

现在，安东尼远离了工作中的细节问题，更多地运用团队中不同人才的力量。因为他知道，依靠团队，他能取得比自己单打独斗更多的成绩。他必须确保团队成员全力以赴，学习更多的知识，获得更多的能力。比如最近的一笔交易，他的团队成员是负责人。安东尼的任务就是游说公司高层，让他们支持这个人，鼓励他，给他足够的空间展示个人能力。安东尼与客户团队中的重要成员见了面，但他只谈了宏观问题，并没有讨论交易的技术细节。他把这些工作都留给了团队成员。

现在描述安东尼时，人们最常用的说法变成了"具有战略眼光"和"精力集中"。值得一提的是，这些说法是非常重要的指标——其他人提到你时，也该使用这样的说法。你应该像安东尼一样，自然而然地把整个项目摆在最重要的位置，为整个公司的大局做出贡献。

安东尼从 E 型领导者向 S 型领导者的转变，并非一蹴而就，他也需要继续在这方面做出努力。不过，我毫不怀疑他会继续培养新能力、新习惯以及新的思维方式，直到他可以像运用专业能力一样运用这些新能力。

S 型领导者到底能为团队和公司提供怎样的价值？解决了这个问题后，接下来就让我们解决另一个问题。这个问题同样让众多新的 S 型领导者焦虑万分：如果不亲自完成工作，你该做什么？又该如何完成工作？

第六章

工作方式整合：强化影响力的 34 项练习

  凯伦知道如何增加价值。她在制药行业工作，是一名律师。凯伦是设计供应商、IT 及外包商业合同领域的专家。直到最近，她的直接下属包括 3 名律师和 2 名初级员工。她的高级别下属们均有特定的负责领域，分别是数据隐私、知识产权和供应合同。凯伦并不了解每个领域的所有细节，但她相信团队能精准地完成任务。和很多专家一样，凯伦做的是混合性工作：她有一部分整合工作，另有一部分工作是起草、审核商业合同。

  晋升后，凯伦进入了监管部门，她的工作范围进一步扩大，并且接手了一个新团队，该团队由律师及负责诸如数据保护等其他工作的员工组成。无论工作范围、职责还是团队规模，均有巨大的扩张，但凯伦觉得自己已经做好了准备。她不仅和监管团队打过交通，而且知道如何确定优先顺序，知道如何让团队关注战略重点问题，也懂得如何创造影响力。

我为她高兴。然而，在凯伦升职6个月后，通过我们两人的共同朋友，我得到一条很让自己震惊的消息："她的情况不太好。公司高层开始对她失去信心，整个团队也处于辞职边缘。"

我知道，因为不久前推出的一款新药，凯伦的团队承受着极大的压力。这个朋友证实，压力确实存在，但压力并非其他人对凯伦不满的根源。

团队成员心存不满，高层缺乏信心，这个场景对我来说并不陌生。我也知道，凯伦的老板算不上优秀的教练型经理人。他的要求极高，又非常没有耐心。我需要提醒一下凯伦，让她能在局势失控前找到问题根源。

凯伦坦诚地和我谈起了自己面临的挑战。她接到的任务是为监管确定标准化流程，并且让整个团队学会更多地从商业角度思考问题。凯伦对创造商业影响力驾轻就熟，因此，她没有浪费任何时间就构建了团队秩序，并且掌控团队与高管的沟通交流。凯伦刚接手监管部门时，公司发生了一次重大事故，某名高管掌握的敏感信息被外泄了。凯伦的团队坚持要求严格遵守相关流程，确保临床试验数据得到保护。这些担心当然理有据，但相关流程减缓了临床试验的完成速度，导致公司无法按计划向市场推出某款药物。凯伦介入后，协商了一份妥协方案，挽救了大局——或者说，她自认为挽救了大局。

尽管解决了问题，凯伦仍然觉得自己需要紧密追踪监管团队的工作进展，必须由她先审阅，才能把文件和电子邮件发送给高管。这导致她的工作负担急剧增加。团队成员的工作态度开始变得消极，他们觉得受到了严密控制，但又不能及时得到她的回复。高管也不高兴，因为工作没能按时完成，而且凯伦似乎无法像过去一样提出坦诚、有洞察力的建议，而这原本是她最为人称道的特点。公司其他部门的同事也感到失望，因为他们很少有机会和她接触、讨论问题并提出有用建议。

凯伦产生了失控感。她需要时间，以便能在监管领域集中精力，去研究细节、学习和思考。然而，她面临着太多问题：有太多会议要开，有太多事要做。她没办法抽出足够的时间和精力去研究监管领域的问题。

凯伦也控制不了自己的时间。日程撞期是家常便饭，她必须马不停蹄地参加一个又一个会议，讨论一个又一个议题。有太多需要她解决的问题。因此，凯伦没有时间为高管会议做充分的准备，所以她无法像过去那样为高管提出明确的建议。人们需要她做出决定，但在复杂问题上，她很难做出足够优秀的判断。

身为律师，凯伦接受的训练就是确保自己的文件中不存在任何错误。法律上的错误可能导致大量金钱损失。监管部门与此类似，但监管的标准流程却不像法律问题那样，拥有那么多明确的指导方针。监管规定的模糊性让凯伦非常苦恼，她也不确定哪些具有足够的效力。

在个人专业领域，凯伦通常可以咨询外部顾问，她可以随时寻求建议或证实自己的观点；即便没能得到这样的帮助，她也能寻求其他公司中做相似工作的众多律师的帮助。然而，在监管领域，她没有这样的人际关系网。她苦苦思索，试图想出谁有和她一样的经历，但没有想出任何答案。她的人际关系网中没有人能提供帮助。

她的职位晋升得过快吗？这份工作没法做了吗？或者更糟糕的是，就像公司里的其他人所说的，她被提升到了一个超出个人能力范围的职位了吗？你是否担心自己被提升到了一个自己没有能力做好的职位上？你是否担心其他人对你的看法？

掌控转变过程

以上说法都是错误的——至少现在是错误的。和安东尼一样，为了更好地帮助团队、部门及公司，凯伦需要做出一些努力。她需要在完成工作的方式及工作的具体内容方面做出根本性改变。

她需要从居中控制转变成为团队赋能、指导团队；需要学会依靠更为广泛的人际关系网；需要学会接受含糊不清的状态；愿意随时改变焦点。最重要的是，她需要学会如何依靠良好的判断继续前进。

和第五章一样，我将从凯伦的角度出发，和大家一起度过这个转变过程。

从"居中控制"到"为团队赋能、指导团队"

和第五章一样，我会首先提出几个问题：

你是否怀疑，下属觉得你过多地插手了他们有能力处理的问题？

你是否疯狂地试图控制经由自己的所有信息？

虽然某人的能力极为出色，但他没有与你商量就处理了某事，而且你没有控制其中的细节，这会不会让你感到极度不舒服？

你是否苦于寻找追踪局势进展的方法？

如果皆为肯定回答，你就需要放弃居中控制的做法，学会如何站在一边指导团队。

　　"为团队赋能"，听起来很简单，其实际内涵却很丰富。其中包括培养与授权，这需要你拥有"为其他人提供力量"的心态；你需要保持与具体工作的联系；需要应对错误，培养团队成员间的合作能力。你还需要重新思考与团队的互动方式：团队成员不该像车轮上的辐条，以你为中心但互相隔离，而应该像圆桌骑士，能自由地与其他人（包括你）互动。

　　你也应该思考自己制订战略的方式。太多前 E 型领导者认为，也许只需要稍稍咨询一下他人的意见，但他们需要亲自制订未来战略。实际上，正如本书后文将提到的，S 型领导者需要的是共同制订战略的心态。

培养与授权

　　如果试图靠自己做太多事，你就无法按时完成工作，甚至根本不能完成工作，因为你的时间和精力都极为有限。把分派工作给其他人看作培养他们的机会，你可能需要承担一些教练的工作，才能让其他人拥有独立完成工作的能力（没错，做教练也是你的工作）。不过，我相信，人们在获得完全自主权后会给你带来极大的惊喜。

　　E 型领导者经常向我保证，他们愿意授权给他人，但前提是他们透彻地了解相关任务，知道需要得到什么样的结果。然而，这并不是真正的授权，这是指挥。对领导者来说，指挥会造成两个问题：第一，为了告知其他人怎么做工作，领导者必须首先澄清任务的所有细节。第二，告知确定的工作会让下属失去动力。他们想靠自己的努力找到解决方案，而这通常也是工作的乐趣所在。

我当然不是说彻底放弃自己的职责，不是"授权并放弃"。当一个领导者不知道做什么、找不到完成任务的方法、只是简单地把责任转移给直接下属时，才会出现这种情况。不做任何指导就把任务甩给别人，你无法监控任务进展，不能纠正错误，不能改变方向，也无法为利益相关者提供最新信息，还会导致直接下属极度沮丧。如果被指派接受任务的人意识到你无法给出指导建议，他们也许会越过你寻求更高级别的帮助——对你来说这显然不是理解的结果。

你要做的，就是把授权看作一种温和的询问形式——一个通过提问、指导对方边思考边解决问题的过程。你可以根据具体情况调整询问的深度。

我的意思是什么？假设你有一个下属，他拥有出色的技术能力，但在完成项目的过程中，他既不考虑现实，也不愿意引入其他利益相关者。以下就是一个以询问形式授权的例子。

经理：跟我谈谈你准备怎么处理这个项目。最重要的问题是什么？

下属：我们需要解决 3 个技术问题。

经理：利益相关者呢？他们对成功有多重要的意义？

下属：他们必须同意这个结论，否则没法进行工作。

经理：好的。我们聊聊时间线，最终交付日期是什么时候？

下属：最终签收日在两个月后。

经理：从那个日期向前推算，这个项目需要谁的批准？

下属：我觉得需要你的老板批准，这个项目才能继续推进。

经理：那肯定啊！还有谁会受到这个项目的影响，在最终结果确定前希望了解进展？

下属：运营部门会非常关心，他们也会提出意见。

经理：运营需要多少时间才能充分了解情况、提出建议？需要多长时间才能得到运营部门的认可？可以采取什么临时步骤加速获得他们的认可？

类似的问题还可以继续问下去。根据员工的专业能力，领导者询问的细致程度也应该各有不同。专业能力越出色，你需要提的问题就越少。越想培养、开发一个人的某种能力，你就需要提出越多的问题。

　　这种类型的授权可以教会员工去解决你认为最重要的问题，即使他当时还不拥有那样的能力。这将赋予员工自信及自主感，让他们产生掌握主动权的感觉；同时能让经理人产生员工知道该做什么的信心。员工描述出需要完成的工作（比如在推进项目前咨询利益相关者），意味着他更有可能真正动手去做。最后，当利益相关者要求你提供最新信息时，你也能知道员工处于流程的哪个环节以及下一步计划。这样的管理，足够回答利益相关者的大部分询问；如果不够，那就让员工参与进来，由他们提供具体细节。不管怎么说，这些都表明你正在掌控全局，即便不是细节方面的专家，也能对团队做出指导。

拥有"为他人提供力量"的心态

　　指挥式授权与询问式授权的区别就在于心态。非专家型领导者采取的是赋能，而非指令式的心态。下页的表格（表6-1和表6-2）对这两种看待世界的方式进行了对比。

表 6-1　两种看待世界的方式

指令式、专家心态	赋能式、整合心态
·我知道该做什么 ·我提供答案或基本框架 ·如果按我说的做，就会得到好结果 ·因为知道该做什么，所以我增加了价值 ·因为知道该做什么，所以我得到了尊重	·多个方法可获得同样的结果 ·我不知道具体该做什么，但我知道公司需要什么 ·我鼓励其他人多思考，开发更多的能力 ·我有时间指导他人，这是我的主要工作 ·通过赋予他人力量，我增加了价值 ·因为我能参与进程、激励他人，我得到了尊重

出问题时，不同的心态会导致经理人提出不同类型的问题。

表 6-2　两种经理人提出的不同问题

指令式、专家心态的经理人会问	赋能式、整合心态的经理人会问
·为什么会发生这件事 ·什么没有被理解 ·我们忽视了什么 ·这些问题指向一个方向："这就是我们下次该做的。"	·这创造了哪些可能性 ·能换一种方式描述现在的情况吗 ·怎么保证自己没有偏离正轨 ·我们从中学到了什么 ·还需要咨询谁 ·还需要考虑谁的意见 ·这些问题指向一个方向："下一次你想采用什么不同的做法？"

通过询问进行授权，你需要放下专家心态以及因专家心态而生的问题。提出赋能型问题可以让非专家们互相依靠。比如，演讲结束后，专家心态的人可能会说："这次你做错了，没能抓住观众。下次应该这么做。"而拥有赋能型心态的人会说："你观察观众的

反应了吗？你看到了什么？从什么地方开始失去观众的？下一次你会采取哪些不同的做法？"

通过询问而授权就是经理人的教练工作，两者需要的技能完全相同。这种方法可以让授权和培养能力同时进行。

"培养团队能力"练习：你需要制订计划，在接下来的一个月中，与每一个直接下属完成这个授权练习。以下为具体流程。

针对每一个直接下属，回答以下问题：

作为领导者，在与这个人打交道的过程中，你的大部分时间花在了什么地方？这是最该花费时间的事情吗？

你希望这个人发展哪方面的能力？

在与这个人的每次交流中，你如何促进这个发展动向？

与任何一个直接下属见面之前，准备好上述问题的答案，以便在交流时进行针对性指导。关注自己提出的问题能在多大程度上促进对方思考。

市面上不少书总结出了很多可用的好问题。查看推荐阅读部分的阅读清单。

"提出更有用的问题"练习：需要注意的是，想提出更有用的问题，首先你需要明确与对方交流的目的。下面是一些我见过的针对不同目的所能提出的最好问题。对于这部分内容，可以参考弗兰克·塞斯诺（Frank Sesno）所著的《提问的力量》（*Ask More*）。

可用于诊断问题的提问：

发生了什么？

我们是怎么知道这个情况的？

过去我们在什么地方看到了类似的情况？

我们没有看到什么？

我们该做什么？

可用于鼓励战略性思维的提问：

我们从过去的经验中学到了什么？

最佳选择是什么？

风险是什么？

改变如何发生？

谁会在其中扮演角色？

为了成功我们需要哪些资源？我们是否拥有这些资源？

我们如何衡量进展？

与构建同理心有关的提问：

你有什么经验？

你认为什么是真的？

你的感受 / 想法是什么？

你最担心的是什么？

你的意思是什么？详细说说。

与澄清任务与目标有关的提问：

你在意的是什么？最担心的是什么？

你想构建什么？

我们能做什么？

你的原则或价值观是什么？

做决定时我们需要考虑什么？

其他人 / 我能做出什么贡献？

我们究竟能大胆到什么程度？

"教练"练习：与直接下属会面，按照以下顺序提问：

你在想什么？还有其他想法吗？

你尝试了什么？没有尝试什么？

你认为自己为什么取得了这些成绩？

你希望从我这里得到什么？

你学到了什么？

更多的问题，可以参考邦加·斯坦尼尔（Michael Bungay Stanier）所著的《教练习惯》（*The Coaching Habit*）。

授权与组织管理是息息相关的两个环节。如果把一个大任务拆分成适合每个人不同能力的不同难度的小任务，我相信你能让任何人完成一部分任务。比如，你要为董事会准备一份报告。对于撰写最终总结并指出具体影响而言，可能只有你一个人有这种能力，不过你还是可以先考虑一下做出总结前要做的所有工作。首先，要找到去年的报告进行复核；需要收集数据并进行分析；需要确定PPT演讲的结构；还要对结论做出论证。最有经验的团队成员可以接手他们已经了解的环节，比如分析数据。即便是团队中最没经验的人，也能协助特定环节的工作，比如收集用于分析的数据，审核去年的报告，或者设计演讲稿的格式。

很多经理人指出，授权会比亲自动手耗费更长时间。如果你是专家，这种说法当然没错。可亲自动手会让你付出什么代价？或者说，没有抽时间通过询问的方式把工作分派给其他人，这让你付出了多少成本呢？首先，你永远只能自己完成任务。未来1年、2年、3年，这是利用时间的最佳方式吗？对公司而言，你和下属的时间成本分别是多少？

"重视自己时间"练习：把自己的工资金额乘以2.5。总的来说，公司的雇用成本就是你工资的2.5倍左右，其中包括办公场所、电话、IT、食堂、福利等各项费用。设定合理的每周休息时间和度假假期。计算你工作一小时让公司付出了多少成本。对自己的直接下属进行同样的计算。面对任何需要完成的任务时，问问自己什么是利用公司资源的最高效方式。即便下属可能需要花费两倍于你的时间才能完成工作，但这仍有可能是更为廉价的选择。

保持与具体工作的联系

作为经理人、领导者，你需要了解团队成员正在进行的工作。了解工作进度的原因有很多，其中包括你希望在参加会议时更好地呈现他们的工作。然而，要求团队每天（或每周）汇报工作则会降低员工的工作动力。这会给人一种过度介入、不信任的感觉。

解决这个问题的方法在于授权的形式。让我们回到刚才的案例，经理如何想办法让一个精通技术的下属更关注利益相关者。那次对话交流结束后，这个经理对下属有可能在何时何地忘记利益相关者有了比较清楚的概念。我们假设，在第一次业务审核后，下属可能会忘记与利益相关者进行沟通，这时经理就应该在这次审核后提出要求，让下属跟进。这样一来，不仅下属觉得自己拥有的自主权得到了重视，经理也能通过询问、根据会谈的结果追踪进展，并做出相应的调整。

与团队成员保持联系的频率不仅取决于对方的能力，而且与局势的具体情况以及任务进展的具体阶段有关。局面越复杂、涉及的各方势力越多，越需要更高的接触频率。须对此做出解释，防止给下属留下不被信任的印象。

应对错误

应对错误是工作流程中不可避免的环节。有些错误可以预见，有些则不能。当你在做其他人从未做过的事情时，错误必然出现。重整旗鼓，讨论已经发生的事情和下一次的做法；如果想获得别人的信任，不要指责对方。好消息是，犯错后，道歉并解释接下来的做法，往往就能起到很好的效果。研究表明，诚恳的道歉反而能让人们的关系变得比犯错前更为紧密。

诚恳的道歉，无论本意好坏，首先需要承认自己的行为对其他人的影响。比如："我意识到我说的话伤害了你。"你必须在意自身行为的影响。如果你没有发自内心，说的都是套话，其他人能听得出来。接下来，你需要讲出下一次会采用什么不同的做法。比如："下次，在和高管交流前，我会先跟你交流。"你也可以询问对方希望你未来做出什么改变。接着要做的就是倾听。尽管对方不一定会原谅你，却是你唯一能做的事。

高级管理人员经常对我说，他们可以容忍坏消息和错误，前提是犯错的人需要及时承认错误，在承认错误前曾尽全力试图解决问题，且愿意从错误中学习经验教训。

一个非常资深的领导者透露，他曾犯下了一个导致公司损失5亿美元的巨大错误。那是周五，他接到通知，要在下周一和首席执行官一起开会。周末他告诉家人，自己很有可能丢掉工作，让他们为接下来的变动做好准备，比如搬家。周一开会时，他和首席执行官融洽地谈起了战略、商机和竞争对手等话题。他一直等着首席执行官提起解雇话题，实在忍不下去时，他主动提到了这个话题："你不准备炒掉我吗？"首席执行官回答："不，我刚刚对你投资了5

亿美元。不要再犯这种错误了。"

其他人犯错时，你要接受一个现实：即便是好人，也只有90% 的时间会做你认为正确的事，剩余 10% 的时间则会犯错。你需要问自己，耗费时间担心这 10% 是否值得。

"少担心错误"练习：为了让指导对象变得更勇敢、心思更灵活，导师有时会问："如果出错了，最糟糕的情况是什么？"总的来说，这是好的指导方法；不过，对指导对象（或者任何人）来说，如果对于潜在错误非常焦虑，他们就很难理性思考。即便只是想象而非现实，潜在的灾难结果仍然会给人们带来巨大的压力。出现焦虑状态前，首先确定两三个能够帮助你走出困难局面的人。他们必须是你信任的人，在私密文件中写下他们的名字。当你开始焦虑时，就给他们打电话进行咨询。

坐下来，认真思考。列出可能出错的地方，认真考虑负面结果。对于自己列出的每一个事项，列出可能发生某种结果的信号，再列出出现这些信号时你能做什么。你的朋友可能比你更加理性，不会过于情绪化，他们会帮助你从现实角度思考问题。只靠自己，有时很难完成这个练习。

培养团队成员间的合作能力

完成工作的另一个方法，就是提高团队成员之间的合作能力。当团队成员互相交流、征求意见、讨论各种选择且学会互相依靠时，才更有可能做出正确且合理的决定。对领导者来说，团队的集体知识具有更大的影响力和作用力。

如何培养团队？关于这个主题，我们可以找到成千上万种说法，但有两件事至关重要。首先，团队中的所有人都要理解为什么需要团队合作，而且给出的原因必须扎实可靠。其次，团队成员必须有合作的良好习惯。

"构建团队共同点"练习：确定一个团队成员只有通过合作才能完成的任务。利用团队时间完成这个任务；按照自己对团队合作形式的期望设计这个任务。将这个任务与团队成员只需要分享信息或更新进展的任务区分开来。

"建立感情联系"练习：确保团队成员有共处时间，有机会了解彼此的观点与行事风格。确定如何倾听不同的观点，如何适应不同的风格。市面上有很多用于评估自己及他人工作风格的工具。我偏爱的几个工具包括：迈尔斯－布里格斯性格分类指标的第二部分——基本人际关系趋向行为工具（FIRO-B）；霍根团队评估工具；以及重要目标驱动因素分析工具。

"诚实讨论"练习：审查一个最近完成的项目。要求每个团队成员说出完成任务的过程中自己喜欢的地方；接着要求每个人说出自己不喜欢的地方，以及未来会采用哪些不一样的做法。结束这两轮交流后，再与团队讨论未来的行动方式。

"鼓舞型交流"练习：为了让团队不绕圈子、讨论真正的问题，你可以尝试以下方法。确定一个对团队工作具有核心意义的问题，而且这个问题与团队需要讨论的问题存在关联。给每个人两分钟，让他们说出自己对这个问题的看法。明确每个人只有两分钟时间，超时就打断他们。同时，要求任何人不能对其他人的说法做出回应，不能提问，不能反驳。如果有人打断了别人的发言，你也要制止。所有人结束发言后，再给每个人一分钟评论的时间。比如，有人可能想澄清之前的说法，认同或反驳其他人的说法，或者提出全新的观点。第二轮发言结束后，对前面所有发言做出总结；指出人们达成一致或未达成一致的地方。随后放开讨论。你会发现，现在的讨论重复之前内容的情况开始变少。团队成员明白他们在哪些问题上达成了一致，所以没有必要重复同样的观点。此外，需要讨论的核心问题也得到了明确；设计和推动讨论也会变得更为简单。

"谁做决定"练习：粗略估算一下团队自己做决定和你做决

定的数量，两者的比例如何。一名高级管理人员估算，在保持高效沟通交流的前提下，团队大约有 70% 的决定是团队成员独自做出的，剩余 30% 需要他的参与。更重要的是，他和团队都能理解两种做法的区别，从而节省了时间和金钱。

不只是轮毂与辐条

专家型领导者经常不自觉地以自己为中心，创造了出"轮毂 / 辐条型"结构。因为对于所有团队成员而言，这种领导者的知识能力是他们完成工作的首要因素。当团队成员需要信息或指导时，他们只需要找到这个领导者，无须咨询其他任何人。最重要的讨论发生在领导者与其直接下属之间，而非发生于团队成员之间。这种结果让领导者对整个团队拥有极高的掌控度，在专业能力主导的领域，这种结构并无不妥；不过，这种结构会限制团队成员之间的交流，这对于整合者的团队来说就不是好事了。

应当把团队成员看作圆桌骑士，他们能像和你讨论一样自由地互相讨论交流。当你领导一个由不同类型的人才组成的团队时，其中的每个人掌握着各不相同的信息，而他们的观点可以成为创新的源泉。此外，当团队成员发现他们需要彼此时，这会极大地加强他们之间的信任，增加彼此的交流，最终提高整个团队的表现。

"你的团队心理模型"练习：向自己发出挑战。想到自己和团队其他人的互动关系时，你们之间有着怎样的对话形式？向自己发问，以下是不是最常见的场景：你先说话，其他人回答，你做出回应，又有第三个人接着发表意见。团队成员之间的交流是否多于和你的交流？团队中是否存在追踪对话走向的中立观察者？考察交流的模式。你是绝大多数对话的中心吗？或者说，另有其他模式？

共同设计战略

习惯于 E 型领导角色的经理人们一般认为，设计发展战略图是自己的职责；他们会让其他人负起责任，按照自己的设计执行战略计划。这样的领导者愿意接受、有时甚至会鼓励团队成员提出建议，但仅此而已。然而，圆桌骑士的职能，显然不只是执行上司交给他们的战略。当整个团队共同参与战略设计时，他们会更加投入、更有热情，也会更加专心。S 型领导者的职责不仅在于确定界限，同时也要推动共同设计战略的进程。只有这样，你无须事必躬亲，也能活跃地管理战略设计流程。

"共同设计战略"练习：确定目标、基本时间线以及衡量目标的完成标准（比如预算、市场约束、创新）。让每个人安静地思考实现目标的方法；每个人在随意贴上写下一个想法。接着，随便挑出一张随意贴开始小组讨论。不允许批评，只允许人们提出能够解释这个想法的问题。有类似想法的人可以把自己的想法写在旁边。通过这个方式，你就创造出了创意集束。接下来以同样的方式讨论下一张随意贴上的想法，直到讨论完所有内容。退后一步，为所有创意集束设置标签；讨论团队喜欢或不喜欢的问题；让团队投票选择他们最喜欢的 3 个或 5 个想法。现在，你就有了团队成员有参与感的"胜出"想法。让团队把这些想法变为更为具体的计划，供未来讨论。

从"依靠专业人脉"到"依靠广泛的人际关系网"

与和本公司其他部门的同事交流相比，你更愿意和其他公司的专家交流？

你是否认为在公司其他部门培养人脉需要耗费更多时间？

你是否认为，其他人认识你是因为他们听说过你的专业能力？

人们是否在需要你的专业知识而非需要讨论其他话题时联系你？

你对公司其他部门的兴趣不如对自身技术领域大？

如果皆为肯定回答，你就需要花更多精力来构建人际关系以及信息渠道，这些往往是团队成员比较缺乏的。方式就是创造一个超越团队人际关系领域的新关系网，并且定期保持互动。朋友和同事的范围越大，你越有可能发挥影响力，收集更多的信息，了解自己团队关注的是不是真正重要的工作。归根结底，你为团队增加价值的重要方式之一，就是有能力动用团队日常工作以外的信息、人力和资源。对高效的整合者来说，花时间搭建广泛的人际关系是重要的日常工作。构建这种人际关系网的方法主要分为 3 类：寻找共同兴趣、提出交换信息及成为连接者。

寻找共同兴趣

　　人们经常问我，怎么才能和一个彻头彻尾的陌生人建立联系。我的回答是：想想自己如何因为共同有兴趣的活动、慈善行为及客户活动而轻松地与他人建立联系。如果想把一个人纳入人际关系网，你需要找到一个双方都在意的爱好、慈善活动或共同兴趣。

　　怎么才能知道双方存在哪些共同的兴趣？观察对方的办公桌，桌子上布满线索。寻找那些和自己的兴趣有重合的东西。如果彼此都有孩子，那就谈论孩子们的活动；如果都关心艺术，那就谈论艺术；如果共同兴趣是体育，那就谈论体育。最开始只需要简单的对话，几分钟即可，下次再见面时可以继续上一次的对话。（顺便一提，这可能是你在工作场合放弃谈话发起者身份的好机会：这能让对方更轻松地主动与你交流，并建立联系。）

最糟糕的情况下，即便对方的工作环境中没有任何能让你产生共鸣的东西，你可以试着以双方几乎没有共同点开启对话。当我走进一间办公室，和一个高层管理人员第一次见面时，我看到了一张对方跑完纽约马拉松的照片，于是我说："哇，您是长跑爱好者？太厉害了！"对方回答："你跑步吗？"我只能说："不跑。我试过好多次了，但跑步不适合我。"对方听完一笑——联系就这样建立起来了。我们接着聊到他为什么跑步，我对他有了深入的了解。

"创造联系" 练习：如果在引导某人进入自己的人际关系网时遇到困难，你可以把对方想象成客户或者消费者。你不可能在没做功课、不了解对方的兴趣和担忧的时候就参加客户会议。用同样的思维方式面对人际关系网的潜在对象，你会找到很多兴趣重合点。

"共同兴趣" 练习：如果想不到共同主题，那就从下面的列表中挑选一个。

你是怎么参与到这个团队／课题中的？你对这个公司是如何产生兴趣的？你在这里工作了多长时间？

如果参加活动，你可以问：这个活动里你认识很多人吗？能告诉我组委会主席是谁吗？你加入这个团队多久了？

如果参加的是一个新活动，你可以问：这是我第一次参加这个活动，你能介绍一些认识的人给我吗？

闲暇时你喜欢做什么事？

你喜欢看电影吗？喜欢看书吗？还是喜欢听音乐？

食物——所有人都喜欢谈论美食：你有最喜欢的餐馆吗？你最喜欢吃哪种菜？你试过（某道菜）吗？你做饭吗？

对局势做出评价——为什么会出现这个情况？谁参与其中？有谁支持？有多少人参加？你是怎么参与进来的？

你是体育迷吗？喜欢哪个项目？

和艺术有关的问题——电影、博物馆、戏剧、展览：最近你看了什么展览？

你参与慈善活动吗？或者参与哪些特定诉求的活动吗？

你有度假计划吗？想去哪里旅行？度假时最喜欢做什么？

以上所有话题都没有效果时，可以谈论天气。

提出交换信息

不同部门的同事对业务可能有着完全相同的担忧。因此，搭建人际关系网最自然、最高效的方法之一，就是分享有价值的信息。

你会发现，绝大多数经理人都极度渴望信息；只要能分享一丁点儿信息或趋势，他们就会迫不及待地与你交流。更好的是，他们会对你的说法稍加修改后与其他人沟通，从而强化你的名声与人际关系网。

思考谁在乎你掌握的信息，主动找到这样的人去分享信息。经过一段时间，其他人会把你看作优质信息源，人们会逐渐聚拢在你身边。你可能觉得分享信息会耗费太多时间，但我鼓励你换一个角度思考。最受推崇的领导经常说，人们应当慷慨地分享信息。分享信息和观点确实耗费时间。然而，想一想具有影响力的人把你看作某个主题或客户群的专家时，这个名声会为你带来多少好处。

"分享信息"练习：列出一份清单，明确自己掌握了哪些对别人可能有价值的信息。这份清单的内容，包括客户的担忧和想法、行业趋势或竞争信息。谁有兴趣了解这些信息？如果想不出具体的人，那就确定什么职位的人会对这些信息有兴趣。借此确定承担相关工作的人，再进行交流。知道自己能够提供什么信息，你就让自己处在了能够交流知识、讨论观点同时分享阅读材料和会议报告的有利位置。

"共同客户信息"练习：不管你具体负责的是哪个客户或项目，公司其他业务线上总有人会面对同一个客户。找到公司里的这种人，和他们交换信息；分享自己的担心，讨论从客户处听到的消息。比方说，你可以对同事说："我注意到你在和 A 客户合作，我也是。因为 100% 无纸化办公，他们给我的团队造成了很大的压力。你发现同样的问题了吗？你是怎么处理这些问题的？"

"每日信息"练习：每一天都会有不同的信息得到发掘，你会小有收获，问题也会浮出水面。每天结束时问自己："我今天忘记告诉谁什么了？"发电子邮件分享这个信息；如果对方想了解更多，他就会要求更多，或直接找你交流。由此一来，你的人际关系网、接触信息的能力以及帮助团队前进的能力都会得到提高。

成为连接者

与他人建立联系时，你能为对方做得最简单、最有效的事情，就是利用已有人际关系网，将已经认识的人与自己试图认识的人连接在一起。成为"连接者"是提高自身人际关系网的质量、提升个人价值的好方法。只要展现出帮忙的意愿，不管是多小的事，都能帮你建立新的联系。如果在寻找机会，未来你很有可能找到机会。

"成为连接者"练习：如果你想加深与某人的联系，那就思考人际关系网中的谁会愿意与这个人见面、有共同兴趣，或可能帮助这个人应对证明面临的挑战，帮助双方建立联系。

在本章中，我们已经讨论了与人际关系有关的两个转变：如何为团队赋能，以及如何学会依靠更为广泛的人际关系网。不过，除此之外，读者本身也要做出改变——思维方式、组织安排工作的方式以及对"足够好"的态度都需要发生变化。在学习如何完成正确的工作过程中，这些都是你要面对的极为重要的自我管理挑战。

从"深入研究"到"接受含糊不清"的状态

你会深入研究分析结果，坚信只要投入精力，你就能找到明确答案吗？

你能接受事情不是黑白分明的状态吗？

自身角色或环境含糊不清的状态会损害你的自信吗？

被迫说出"我不知道"时，你会有很糟糕的感觉吗？

如果皆为肯定回答，你要做的，就是学会接纳含糊不清的状态。在整合工作中，即便尽全力做出分析，你仍有可能无法确定事实、问题以及最佳行动方案。即便无法消除含糊不清，你就要学会坦然与它相处。这其实是心理的自我训练：接受世界本来的样子，相信自己能像其他人一样在这样的世界中生存。假如因为含糊不清而苦恼，你要做的就是训练自己的思维。

你可以遵循以下 5 个窍门：

重新描述现实，不要把现实说成糟糕的问题，而是描述成有趣的谜题。想提高自身解决谜题一样难题的能力，你可以观察身边在这方面能力出众的人。他们做了什么？什么能力让他们在面对难题时泰然自若？好奇心在这里能起到很大作用，因为脑海中突然浮现出来的想法通常能让你感知到哪些事情最重要。在含糊不清的局面中，你需要从多种来源中寻找有用信息，以此了解全局。

带着玩闹之心。面对困难但明确直白的问题，严肃认真、脚踏实地地分析研究也许能解决问题。不过，在面对含糊不清的局面时，换一个角度、用不同方式描述问题可能起到更好的作用。特意带着玩闹之心，说不定你能误打误撞找出一条通路。玩闹可以激发创新。

多做假设。多提"假如这是真的"以及"假如发生这事"这样的问题。为自己创造机会，想办法对局面做出解释，看看能引出什么线索，再尝试另一种假设。比如，假如担心一项新技术可能损害自己现有的项目，你可以问："假如这是真的怎么办？会发生什么？"寻找可以证实或反驳预感的线索。问自己，需要找到什么证据才能让你对自己的判断更有信心。

学会容忍错误。出问题时，要把错误丢到脑后，集中精力向前推进。如果发现自己反复思考一个问题，你需要立刻做出结论，把精力转移到下一个问题。不要关注错误，重要的是你在其中学到了什么。

向行业外或专业领域外的人做出解释，以此简化复杂问题。找到一个不了解细节、不了解背景的人，向他解释自己遇到的问题。在对话中简化一个问题，对你来说也是对问题的简化。你的孩子可以在这方面帮上忙。

展望未来可以让你更有大局观（也会让你更兴奋），让你不再过于担心一个肯定的答案，而是更多地关注走上正确的方向。比如，在市场或技术迅速变化的情况下，找到正确答案并不是一件容易的事。然而，找到正确的方向难度就没那么大了。

哈佛大学教授罗纳德·黑菲茨（Ronald A. Heifetz）提出了一种截然不同的应对含糊不清的方法。他指出，领导者有时应当"将工作交还给团队"。领导者并不需要时刻知道答案，也不必总是靠自己找出答案。有时候，最好的办法就是把问题交给团队，让他们去处理。

因为含糊不清而苦苦挣扎时，你的目标不该是明确彻底地解决问题，而是了解问题的本质：找到足够明确、足够核心的要点，让公司能够向前推进。

"挑战本质"练习：想办法确定某个局面的本质，帮助其他人迅速理解复杂的问题。我发现，思维地图在解决这种问题时很有用。思维地图是一种蛛网图式工具。通过树枝形图表，蛛网图能够表明一个概念或行为与核心理念的关系。只用一张图，思维地图就能精准地捕捉问题的复杂性和互相依存性。市面上有多款软件可以把你的想法变为清晰可读的图表。

"不确定时期的下一步"练习：当你不知道选择哪个方向、不知道未来会发生什么时，详细地列出每一个选择。问自己，什么事件或数据能够支持某个选择。再考虑发生特定事件或出现特定数据时自己会做什么。对每个选择都要进行这样的思考。退后一步，寻找其中的共同点。在所有可能的选择中，即便没有事件或数据支持，你也会选择哪个？一边摸索未来一边做这些事情。

"成功"练习：庆祝所有微小的成功。留出时间欣赏每天或每周那些取得良好进展的小事。写日记，或为这些小成就保留一份记录。你可以让团队把这些成功记录在白板上。你会发现，自己和团队对不够清晰的现状会有更高的容忍度，信心也会越来越强。

"从错误中学习"练习：创新性公司经常说"快速失败"，

也就是尽快失败，从失败中学习并做出调整。你也要用这种态度面对错误。我们从中学到了什么经验教训，可用于提高自己在未来的表现呢？

"应对错误"练习：学会容忍错误的一个简单方法，就是摆脱情绪化、自我挫败式的思维方式，学会理性地与自己争论。

什么证据能证明这个错误带来了灾难性后果？确定能够证明灾难性后果的事实，也许你会发现，这样的事实并不多。

你最害怕出现什么情况？比如，除了被炒鱿鱼，还会发生什么？

这个错误有什么作用？还能做什么吗？如果有能做的事，那就行动。

从"注意力高度集中"到"有能力经常改变焦点"

有人打断你时，你很难把全部注意力集中到新问题上？

不断改变主题是否让你有点儿晕头转向？

因为心思还在上一个问题上，你是否很难对新问题有一个清晰的概念？

广泛的主题是给带给你巨大的压力，还是让你筋疲力尽？

你是否苦于兑现承诺？

如果皆为肯定回答，你就需要提高自身改变焦点的能力，以此节省时间、保持理性。同时，要学会拒绝。

经常改变焦点

整合者需要面对大量毫无关联且陌生的问题。他们需要拥有迅速转变焦点的能力，在特定时间对每一个主题、每项工作投入全部精力。这会让人感到筋疲力尽。对专家型领导者来说，这是巨大的挑战，他们通常可以在特定时间段投入全部精力集中解决某个问题。改变焦点需要时间，也消耗精力。整合者会采用多种方法处理这些问题。

管理个人精力的一个重要方法，就是构建某种类型的体系，把大脑中的想法记录下来。戴维·阿伦（David Allen）所著的《搞定》（*Getting Things Done*）仍是讲解这种方法的最佳工具书。工作领域相对较窄的专家型领导者，也许拥有出众的能力，仅凭大脑就能记忆所有相关信息；可是他们在转变为整合者后，这种能力不再有效，因为他们需要追踪太多不同领域的不同事情。把任务记录下来，可以解放大脑、平息担忧，这样你才能把全部注意力集中在手头的课题或个人身上。拥有一个可靠的"待办事项"系统，对保存精力有着至关重要的作用。

简而言之，不要试图记住一切。为大脑留出思考和分析的能量，不要把精力全部用在记忆和追踪一切细节上。这意味着你需要做到如下的事情：

立刻将尚未完成的工作汇总为待办清单。手边准备好纸和笔，以便随时整理这份清单。结束会议前做好这件事。

整理待办清单。标注出特别需要完成的工作；将任务拆分成不同的小任务；思考哪些人能完成这些小任务。标注出完成任务的时间期限。

立刻着手去做两分钟以内就能完成的工作。

随身携带这份清单，只要有时间，你就能完成其中的小任务，比如给某人打电话。

整理自己的文件，这样在寻找信息时就不会出现无从下手的窘境。确立一套体系并坚持使用；书面或电子系统效率相当，你只需要找到一个能持续使用的体系。

"心态"练习：排除大脑中的杂念，让自己保持专注。陈一鸣所著的《硅谷最受欢迎的情商课》一书，从工程学、科学的角度完美地解释了如何塑造心态。

"冥想"练习：如果你早已开始冥想练习，那么恭喜你，继续保持下去就可以了。科学已经证明了冥想的价值。可如果你和我以及我遇到的很多高管一样没有耐心，冥想就很难起到理想的效果。有一个简单的方法，也能起到很好的效果。你需要一个能够集中注意力的物体。我用的是手表上的秒针。首先平稳呼吸，关注呼气；保持呼吸速度不变。呼吸时，把所有想法与注意力投射于物体上（我的手表上的秒针）。看着秒针转圈。你只需要关注这个物体两分钟，就能对心情产生积极的影响，减少压力。

在改变焦点前，做好充分准备能让你更轻松地投入工作。有一个方法特别有用，就是在变换任务前在纸上写下原本要做的事。这样做有两个目的：第一，有助于你忘记旧工作。第二，完成新工作后，你能更轻松地重新开展旧工作。丹尼尔·戈尔曼（Daniel Goleman）所著的《三重专注力》（Focus）一书是有关专注力的绝佳资料书，也是我心中他迄今为止质量最高的一本书。

通过减少干扰、中断的次数而节省时间。美国加州大学尔湾分校信息学教授格洛丽亚·马克（Gloria Mark）发现，被干扰、打断后，一个人平均需要 23 分 15 秒才能把注意力重新聚焦于工作。

阻止干扰出现可以创造时间。身为 S 型领导者，你不可能彻底消除干扰，但你可以把手机和电子邮件提醒关掉 1 小时，专门处理重要且具有高回报率的工作。你可以考虑在短时间段内保护自己不受干扰，这样就不会因为干扰而浪费一整天时间。

"控制干扰"练习：打开办公室的门，或者在特定时间段内允许下属随时与自己交流，用这些方法减少干扰的频率。如果人们知道你在每天特定时间段内欢迎他们提问，他们也会学会配合你的时间安排。

"消除任务"练习：关注最重要的任务、消除其他任务，这有助于减少改变焦点的次数。二乘二矩阵是一个古老但有效的工作方法，可以帮助你考察任务的重要性与紧迫性（表 6-3 和表 6-4）。

表 6-3　任务的重要性和急迫性

紧迫性	重要性	
	不那么重要	更重要
更急迫		
不那么急迫		

表 6-4　任务的付出与回报

回报	付出	
	高付出	低付出
高回报		
低回报		

专门抽时间把各个任务填入矩阵中的合适位置，这会迫使你思考如何投放个人精力。另外，你也会接受某些任务不值得付出时间和精力的现实。

"专注"练习：试着在 5 分钟里把注意力集中在一两件事上，排除所有干扰。比如数出一张纸上字母 A 的数量。这样的练习也许不能提高大脑功能，却有助于提高专注力。

进入整合者的环境，你可能感觉时间是最大的敌人。你要参加的会议数量多到几近失控。你不可能放弃参加"不重要的"会议；缺席会伤害其他人的感情，导致你无法做出决定，也有可能无法传达重要的信息。与此同时，像《经济学人》这种你最爱看的杂志放在办公桌上，你却因为工作繁忙一本也没看。

改变自己的时间观念。你没有足够的时间，永远也不会有足够的时间。你永远有更多的东西要读，有更多的研究要做，有更多的人要见，有更多的会议要参加，有更多的事要去确认。如果接受了时间永远不够的事实，你就会问自己怎样才能用好现有时间。你要完成哪些工作？如何完成工作？你会从有限的时间中抽出多少完成这些工作？还有最重要的，你不会做哪些事？

"优先排序"练习：以下不只是练习，而应该成为习惯。每天在拿起手机或者查看电子邮件之前，首先选出当天应当优先解决的问题。确定当天需要做什么才能解决优先事项；在自己工作效率最高时完成这些工作。这应当是每天早上干扰尚未出现时很多人要做的第一件事。忙忙碌碌过完一天，但什么重要的事也没完成，这种情况太常见了。彼得·德拉克（Peter Drucker）强调了时间以及选择的重要性。他提倡"有计划的放弃"，这意味着为了着手新工作而停止做某些事。

"谈判"练习：寻找拒绝他人请求的机会。有时可以是建议他人完成工作；有时不是直白地拒绝，而更像是谈判。为了节省自己的时间和他人谈判，这是鲜少得到利用的方法，可以为自己留出喘息的机会、集中精力解决最重要的问题的时间。我们可以找到很多专门讲解谈判的书和文章，比如罗杰·费舍尔（Roger Fisher）等撰写的《得到肯定回答》（*Getting to Yes*）。这个方法实际上要求你了解自己能够提供什么，以及愿意付出多少努力理解对方的兴趣、要求与选择。越是了解对方的真正需求，就越有可能获得双赢。

不过，我发现，双赢局面并不总是会出现，人们不一定有足够的时间找到理想的解决方案。尽管如此，你仍然可以提高自己的能力，通过思考想要获得的回报去协商出妥协方案。当你不好意思直白地拒绝对方时，这个方法尤其有用。举个例子，你可以说："如果你负责文字部分的介绍，我可以在今天做完分析。"也可以说："如果你能容忍数据上的一些小差错，我可以在今天做完分析。"要求对方在付出与准确度之间做出妥协也不失为好办法。"我可以在今天给你这么多东西，但想完成你的全部要求需要 20 个小时。这对你真的那么重要吗？"重点在于摆脱随口就同意对方要求的习惯。

"拒绝"练习：想想上一次为了满足别人的要求、做超出自己日常工作范围的事情导致加班是什么时候的事。作为事后反思，向自己提出以下问题：

目前你的努力，真的对对方要求你做的工作或者整体事业的成功至关重要吗？如果真的重要，那就换一个例子。如果不重要，进入下一个问题。

你的贡献中，真正具有重要意义的是哪些？

对方提出要求时，你可以提出什么问题，确保自己把精力投入到最重要的事情上？

面对对方的要求，你可以提出什么妥协方案？

你可以要求对方提供什么，作为满足他们要求的回报？

对过去的案例分析得越细致深入，在未来遇到类似情况时，你就越能做好准备。

从"得出正确决定"到"依靠良好的判断前进"

对你来说，准确性比创造前进势头更有价值？

你是否倾向于获得全部信息后再做出决定？

你做决定的速度是否迟缓？

因为办公室政治原因而做出不够理想的决定时，你是否会生气？

如果皆为肯定回答，你就需要学会依靠良好的判断继续前进。

和被要求得出"正确"答案的专家不同，整合者应该问的问题是："这值得我付出时间吗？我们还能投入多少精力？再多一小时或一周，这会对我们接下来的工作造成什么影响？"你应当多试验，从试验中得出经验，还要根据实际情况做出调整，以此帮助自己走上正确的方向，而不会坐等全面详尽的分析。

做出良好判断的重点，就是及时做出足够准确的判断，相信未来总有做出调整的机会，也相信继续推进的过程中自己会产生新的有用观点。做出良好判断意味着你知道决定不完美，但能推动局面继续发展。经济学家、诺贝尔奖得主赫伯特·西蒙（Herbert Simon）称之为"让人满意的结果，而非最优结果"。如果选择很多，你就需要进行分析，找到一个足够让人满意的选择继续推进；不必担心，你不需要找到最理想的选择。

把成功的标准设定为公司向正确的方向前进。如果发生了什么情况，如果人们一致行动，如果这些行动与大方向相符，那么这就是成功。公司很容易因为过度分析或缺乏活力而陷入困境，所以你应当更多地关注行动，而不是得到一个完美的决定。你需要认识到，拖延意味着错过机会。你应当为机会而兴奋，为拖延而焦虑。

如果大部分人满意某个选择，你就需要做出决定，未来必要时可以做出调整。如果太多人对某个选择不满意，你可能需要在付出更多的时间和精力后才能采取行动。把握形势变化，顺势而为。

有一个评估信息质量的好办法，就是跳出现有问题的思维框架，思考某个信息与你在其他地方看到或听到的内容是否相符。比如，如果一个数据表明，制造方面的某个问题并不严重，无须停下一切工作修改错误，那么公司销售或客服部门的观点能否证实这个想法？对比检查自己的发现与员工、供应商或其他关系方的观点是否一致。与团队之外的人交流，比如其他专业或公司外部的人。寻求外部观点通常更有帮助。

改变向自己提问的方式，这能帮助你不过于纠结细节也能做出判断。举个例子，如果你总是喜欢问"我们知道什么？怎么了解到的这些信息？"那么其实可以换一种提问方式，比如"如果拥有更多信息，我们会采取什么不同做法？"

"快速决定"练习：暂时停止分析，根据已知信息做出一个临时性决定。把这个决定写在纸上，放进抽屉里。按照自己的意愿继续分析。得出最终决定后，和之前的临时性决定进行对比。更多的分析发挥实质性作用了吗？更多的时间改变决定了吗？领导者通常会发现，在早期信息不完整的情况下做出的决定，并不会因为更多的分析而发生变动。接受这个现实能帮助你更快地做出决定。

"做出小决定"练习：几乎所有目标都可以拆分成更小、更可控的小目标。美国原高台跳水国家队成员比尔·崔瑞（Bill Treasurer）讲过恐高的他从 30 米高处学习跳水的经历。他和教练先从较低的高度开始，再逐渐提高跳水板的高度，循序渐进。你也可以在自己面对的重大决定上采用这个办法。最先需要做出的小决定是什么？先做这些事：制订一份里程碑清单，确定在做出重大决定前首先要完成的任务。你的自信也会随着每次的决定逐渐增强。

"建立势头"练习：公司和团队准备采取下一步行动——他们在等待你的决定。思考公司和团队在等待决定的过程中失去了什么。他们失去了怎样的势头？这对团队成员的心情产生了什么影响？你应当更多地关注团队现在应该做的事。什么样的决定能让他们朝富有成效的方向发展？什么样的决定，即便只是片面的决定，也能提振团队的士气？什么样的决定能带来新的信息？

向前推进的凯伦

凯伦意识到，她必须做出改变，首先要改变的就是自己的工作方式以及对团队工作的安排。清单上的第一条，就是回头去做她会做的事：为自己的工作设定优先顺序。

"坦白地说，我在日程表上看到助手给我安排了连续会议，从早上 8 点一直开到晚上 6 点，"凯伦对我说，"我总是提前参加一个会议，但又在下一个会议时迟到。这并不是因为我的助手不称职。其他部门的高级管理人员坚持要求尽快开会，而我完全失去了机会，没办法静下心来整理思路，进而形成合理意见。"

帮助团队完成更多工作之前，凯伦首先需要确定哪些工作只有自己能做。她对需要后续跟踪的工作、行动事项以及正在进行的活动进行了规划管理。这样一来,她不再需要把有限的精力浪费在记忆下一步需要做什么事情上。通过良好的规划,她解放了自己,减少了压力。每次开会时,随手记录需要后续跟踪的事项,也让她更轻松了,可以很快转换到下一个会议的议题。

凯伦特意与每个直接下属面谈,为每个人制订了不同的发展议程,确立了全新的工作方式。凯伦重新确定了每个人需要向她汇报哪些工作进展。她坚持要求团队成员向她简单汇报要点,而不是把长篇的报告留给她审阅。这个改变也训练了团队成员,使他们能够更加简明扼要地与高级管理人员交流。

为了提高团队的自主能力,凯伦让团队成员在工作上两两结合。这样一来,搭档可以审查彼此的工作,在查找错误的同时也能提升商业影响力。

凯伦不再独自参加会议,至少不再独自参加重要会议。每次开会,她都会带上一个团队成员。团队成员因此了解到更为广泛的意见,并将新的信息带回团队,更高效地跟踪解决问题,节省了凯伦更多的时间。

随着团队成员彼此间的互助更为高效,凯伦开始将注意力更多地投到同事及个人人际关系网上。显然,她需要吸收来自更多角度的观点,特别是监管领域的工作。要想提出更有洞察力的建议,她就必须扩大人际关系网，而富有洞察力的建议正是她升职的重要原因。她询问导师哪些人可能有监管工作经验，并且找到不同部门经常面对监管问题的同事，通过这些方式，凯伦列出了一份人际关系网发展名单。接下来，她又联系了其他公司的同侪，让他们介绍她与其他公司中担任相似职务的人结识。

这一章及前一章中提到的所有问题，不管是认可自己的无形价值、创造影响力、接受含糊不清的状态，还是依靠良好的判断继续前进，这些都属于长期挑战。应对这些挑战，你需要在很长一段时间里不断反思，需要付出大量的努力。不过，这也证明了整合角色的复杂性，要知道，这些转变尽管要求极高也极为重要，但仍然不是故事的全部。可能你拥有极大的影响力，可能无论局面如何混乱，你也要泰然处之，甚至拥有极为出色的判断力，但你仍有可能无法让员工产生信任感和受到重视的感觉。要想成为 S 型领导者，你不仅需要改变看待工作的方式，还要改变与团队及同事的互动方式。这就是下一章关注的重点。

第七章

关系整合：扩展关系网的 22 项练习

卡尔是一家生物科技公司的全能型领导者。对于这家急速发展的公司来说，卡尔是一笔巨大的财富：他既是精通神经科学的研究人员，又是公司药物开发领域的核心人物之一。

卡尔还是一位才华出众的经理人。他具有战略眼光，能够迅速转变工作重心，也拥有出色的判断力。他能充分调动整个团队。卡尔不仅可以和团队成员讨论技术问题、商讨各种选择，而且能给出高质量的反馈意见，可以指导他人，为下属和自己的朋友牵线搭桥，还能帮助团队成员管理各自的职业生涯。

卡尔在公司外部也广受尊重。他在相关行业已经工作了几十年，认识绝大多数行业先驱，但他同样与新兴势力保持联系，同时不断跟进行业的最新发展。卡尔喜欢参加科学大会，也喜欢商业活动中探讨技术问题的环节。卡尔拥有出色的演讲能力，他的 PPT 不仅有高质量的观点，而且配有优美的表格与图案；同事经常借用他的 PPT。

卡尔在这些技术社区"找到了家的感觉"。面对拥有同样世界观的人——都从分析、科学角度看待问题的人，卡尔展现了出色的互动能力。同一领域的科学家和工作人员都理解他、尊重他。

凭借广博的人脉，卡尔可以向公司高管通告新的科学发现和新兴创业公司的消息。卡尔还有财务分析能力——他一向以自己了解如何进行收购、如何确立协议框架而自豪——有时他也能在财务方面提出高质量的建议。他会挑选研究方向具有潜力、但股价被看低的公司，在这些公司的股价仍然处于低位时提出收购方案。

公司团队听取他的建议并考虑后，却一而再再而三地选择等待。有那么几次，公司确实在日后收购了卡尔推荐的公司，证明了他的早期预测正确，但都是在其股价翻了数倍后才出手。

可以想象，这种行为模式让卡尔感到沮丧。然而，高管团队就是不愿意在卡尔做出推荐后迅速采取行动。这是为什么？

根源就在于卡尔的互动方式。假如你是研发部门的员工，你大概会很推崇他。卡尔理解科学家和技术人员，能够成为这些人的优秀搭档。他拥有广泛的专业能力，且思维敏锐。此外，卡尔在科学界的人脉也为他的团队带来了大量机会。卡尔工作认真，而且愿意付出时间，他只想让公司变得更好。

不过，卡尔的交流从不带有感情色彩，他似乎以此为耻。他并非冷漠，只是觉得商业交流中不该带有感情。因为这个原因，卡尔在表达公司发展方向的观点时总是力图避免触及他人包括自己的感情，这导致他错失了以激励、鼓舞他人的方式进行领导的机会。

卡尔不喜欢在总部办公室上班，更愿意深入自己喜欢的科学社区，这种工作方式也没有发挥帮助作用。尽管这种方式拥有众多正面作用，但对卡尔扩大影响力却丝毫没有助益。他不在总部办公室，无法通过闲聊与他人建立信任关系。此外，卡尔在重大决策中不会主动寻求潜在盟友的支持。他几乎不会动用个人关系和外交手段去影响结果。他不愿意花时间在科学界外构建广泛的人际关系网。

公司的首席执行官也和卡尔谈过这些问题，但他认为出色的工作是激励他人的唯一方法。卡尔还会以公司中受他激励的众多专家为例，证明自己的观点。

为参加一次收购研讨会做准备时，卡尔对交易标的的财务状况、市场影响以及未来3年的盈利预期进行了详细的分析。他完全靠自己完成了这些工作。当卡尔向高管团队提出自己的想法时，财务部门的主管感到肺都快气炸了：在卡尔的报告中，他没有得到任何提出自身想法或者认可结论的机会。更糟糕的是，卡尔的分析和建议让他感到意外。

随着讨论不断深入，高管团队与卡尔因为他的结论和建议产生了争论。卡尔反复提及他整理出来的事实以及他的分析逻辑；他完全忽视了越来越紧张的气氛，因此也忽视了对方产生消极反应的原因——对方认为卡尔不相信他们的能力，才会绕过他们独立进行分析。卡尔无法接受对方的质疑，他不再冷静。在卡尔的眼中，高管团队只能用愚蠢和无能来形容了，他们完全不能理解他的逻辑。

会议场面变得非常难堪，不过，由此就得出结论"卡尔到达了能力极限，因此应该被辞退了"显然也是不对的。在与高管团队互动的问题上，卡尔需要做的只是成为 S 型领导者。

S 型领导者的顶点

卡尔已经拥有很多重要的能力，但在职业生涯的这个阶段，他需要从信任自己转变为信任更为广泛的人群；从依靠理性的讨论变为依靠人际关系和外交手段解决问题并影响结果；需要把以事实为核心的沟通交流方式转为带着感情进行交流。他需要发掘自己在日常工作中的领导气质，且学会用鼓舞激励的方式领导他人。

和前面的章节一样，试着把自己想象成卡尔，我会和你一起面对这些挑战。

从"相信自己"到"信任范围广泛的人群"

你是否无法相信其他人能正确地完成工作?

你是否只相信团队中知识和自己一样丰富,或者工作方式和自己相同的人?

如果你是专家主导环境下的领导者,你当然可以信任自己的判断,信任曾经高质量完成工作的其他人。你相信那些能在工作中拿出和你同等的精准度和深度的人,也相信和自己拥有相同思维方式的人。你不会轻易相信那些标准或思维方式与自己不同的人。

在整合环境下,信任广泛人群便成为一种强制性要求。你需要相信其他部门能在各自的专业领域交出高质量的工作。这是一个由人际关系驱动的世界,你要明白,工作就是通过人际关系完成的。

一般来说,只要稍微多一分信任,人际关系就能变得更好。我经常看到同事之间以及上司/下属之间的关系得到改善,就是因为其中一方认可对方的特定价值,认为对方有值得信任之处。记住,在 S 型领导者的世界中,信任并非黑白分明,也非静止不变。随着众多因素变化,你对一个人的信任程度会出现增强或倒退。

"提高尊重程度" 练习：对于同僚，尤其是给你带来最多挑战的人，至少列出一个你欣赏他们的地方。你尊重他们的什么能力？即便对方只有一个值得尊重的地方，那也足够以此为基础建立信任关系。

所有资深领导者都知道信任的重要性，但很少有人专门研究哪些因素使得一种环境更能催生信任关系，也很少有人愿意花时间研究两个人决定信任彼此的真正原因。为了更深入地研究这个问题，我会探讨 3 个分题：理解信任他人的原因，脆弱扮演的角色，以及营造信任氛围。

理解信任他人的原因

如何提高信任程度呢？重要的是了解为什么选择相信周围的人。以下 7 种因素将影响你是否会提高对笔者及其他任何人的信任程度。

1. 架构：即便你不相信我这个人，你也会相信我身边的机构性流程与架构。比如，如果你相信财务报告流程，那你就该相信我的报告中的数字。或者说，如果公司奖励机制的目的不是挑起你我之间的矛盾，而是确保我们共同成功，那你就更容易相信我的动机。

2. 专业能力。你相信我的专业能力，如果提出属于我的专业领域的问题，你就能得到准确的答案。

3. 声誉。你相信我的声誉。关于我，你听到的大部分都是积极评价，你相信这些评价都是真的。值得一提的是，人际关系网也是我拥有良好声誉的原因之一。

4. 通过代理。你非常信任的一个人也很相信我。

5. 经验。你相信我，因为你见过我在压力下的状态，了解我的工作和思维方式。

6. 性格与共同点。不论是否有证据支持这样的信任，性格上的共同点越多，你就越有可能相信我。性格上的共同点越多，见面后我们越能迅速建立联系，在相处时产生舒适自如的感觉。举个例子，假设你第一次和我见面，聊了5分钟，发现和我交流很舒服、很轻松，我让你喜欢上我们之间的互动，而且你我毕业于同一所学校，我们分别讲起自己上学时的故事，你更有可能相信我，而不会相信无法建立感情联系的人。《受信任的顾问》（The Trusted Advisor）一书的作者、咨询师查尔斯·格林（Charles H. Green）将此描述为"创造亲密性"，他认为这是信任的主要驱动力。

7. 你的感受。以心理学家威尔·舒茨（Will Shutz）的研究为基础，咨询师莱纳德·鲍威尔（Leonard Powell）总结出，如果一个人感觉不到自己具有一定程度的重要性、能力和受欢迎度，他对外界的信任就会降低。如果你觉得自己受到了重视和尊重，觉得自己的能力得到了认可和利用，认为自己受到其他人的喜爱、是团队的一分子，你就更愿意信任我。

"提高信任等级"练习：挑选一个你希望更加信任的人。从上述 7 个要素的角度出发，评估自身在每个要素的状态。选出有可能做出改进的一个方面。试着寻找能够增强信任的信息。比如，如果你想通过架构增加信任，那就问自己哪些架构能让你更信任对方。如果想通过专业能力增加信任，那就去思考对方做过或者学过什么。如果想通过性格增加信任，那就想办法多了解对方。

评估上述 7 个因素、制订提高自己对他人信任的计划时，你也能帮助其他人提高他们对你的信任。询问自己，我能为对方做什么，或者展示才能，才能增进对方对我的信任。需要注意的是，某些因素可能只能略微刺激信任度提高，而其他因素可能具有更大的刺激作用。

当你觉得在一定程度上信任我时，你会在我的行动中寻找值得信任的信号。我把这样的信号称为"信任指标"。下面列出的指标中，前 3 项普遍通用。如果我不说实话、前后不一致或不公平，你就不太可能相信我。除了这些指标，还有很多指标能够说明我的可信度，而每个人重视的指标各不相同。在一些人看来，信任别人意味着分享个人信息，并且知道对方会保守这些信息的秘密。对另一部分人来说，信任别人意味着拥有共同的价值观。如果忽视被其他人重视的事物，你就会伤害对方的信任。

是否信任一个人，我梳理以下指标：

诚实：即便真相让人难以接受，也会说真话、做诚实的人。

前后一致：行为可以预测，言出必行。

公平：公平、透明地对待每一个人。

价值导向：分享我的价值观和目标，做决定时表述并使用这些价值观。

可靠性：既有专业能力也有经验。

分享个人信息：热情地分享自身感受和经历，也愿意分享自己的错误、怀疑和担心。

忠诚：表现出对公司及某个人的忠心。

接受他人：容忍、支持不同的行事风格与观点。

包容：接受其他人的观点，决策时考虑他人的意见。

感激：愿意认可并赞赏其他人的贡献。

开放：愿意探索新想法、新观点，尝试新体验。

拥有良好人际关系网：拥有高质量的人际关系，其他人能够展现出他们的信任。

信任我：相信我的观点，让我用自己的方式做事。

"信任指标"练习：和前一个练习一样，你可以利用这些指标帮助自己提升对他人的信任水平。确定3个对你来说最为重要的指标；以此为标准确定你对某个人的感受。接着问自己，这个人做什么才能改变你的看法；再思考自己做什么才能改变对这个人的看法。与这个人进行交流。

举个例子，假设你最看重的3个指标之一是"公平"。你可能已经形成了"对方不够公平"的看法。这个看法的根源究竟是现实还是传言？是否存在其他情况可能影响这个人的选择？这个人做什么你会认为是公平的？你能要求对方做什么、让他表现得更公平？或者说，假如你看重的是"感激"这个指标，你可以记录对方表达感激的次数。讨论你最重视什么，要求对方采取行动，改善你在这方面的印象。

为提高对方对你的信任，确定他最重视的指标。你可以直接与对方交流，也可以和熟知对方的其他人交流，以此了解相关信息。

思考自己做什么才能提高对方在相关指标上对自己的信任程度。比如，如果对方重视可靠性或前后一致性，你如何展现自己的这些特质？如果你有胆量，可以直接和对方交流，询问对方自己做什么才能增加他们的信任。

脆弱扮演的角色

在机构生活中，"脆弱性"是个了不得的说法。我并不是说披露自己埋藏最深的秘密，或者公开自己最大的恐惧。相反，公司语境下的"脆弱"程度较轻，因情况而定。此外，脆弱性必须由"自信"平衡。比如，承认自己不善于公开演讲并不会带来多大风险。如果承认这个弱点，同时在优势领域拥有强大的自信，这就形成了良好平衡。

我相信，大家评价一个人的真实可靠性，标准就是他们展现出的"脆弱性与自信的平衡度"。如果在我眼里，你是个真实且适度脆弱的人，我就有可能更相信你。大卫·梅斯特（David Maister）、查尔斯·格林（Charles Green）和罗伯特·加尔福德（Robert Galford）在《受信任的顾问》（*The Trusted Advisor*）一书中也得出了相似的结论，他们表示，一个人的可信度基于以下公式：

可信度 =（可靠性 + 可依赖程度 + 亲密度）/ 自我定位

此外，他们的研究还表明，亲密度是可信度中最为重要的个体因素。亲密度意味着承受一定的风险，并坦露心迹。比如，做一些能为对方增加价值的小事，这是承受小风险。为增加信任，你需要承受小风险，看对方是否做出回报。

展示亲密度或脆弱性的一个方法，就是在没有确凿证据时仍然信任某人。如果不表现出信任，对方也很难信任你。我经常说，信任不是争取的，而是给予的。如果你相信我，我就有可能报以信任。这样一来，我们两人之间的信任程度就能不断提高。

"脆弱性"练习：你希望提高自己在某个人心中的可信度吗？反思和这个人分享过自己的什么信息。这个人对你有多少了解？你是否向他承认过自己的弱点、局限或犯过的错误？你是否表明自知不够完美？面对这个人时，你是否做出过小小的冒险？想出一件自己能够坦然披露或承认的事情。向对方坦白，注意对方的反应。他是否做出了回应？如果你对一个人缺乏信任，思考自己对这个人究竟有多少了解。想办法开启一段温和的对话。你很有可能发现，透露一件有关自己的小事，或者冒点儿风险为这个人做点儿小事，是开启交流的最佳方式。

营造信任氛围

尽管不能控制别人的感受，你却能控制自己，为其他人营造一种更受重视、自己更有能力且更受人喜欢的氛围。这 3 种要素能够创造出一种更有可能让其他人产生信任感的文化环境。

"营造信任氛围"练习：为了让团队中的每个人感觉自己受到了更多重视、自身能力更强或赢得了别人更多的喜爱，你能做些什么？为每个人做一件事，这个方法也要用在同事和合作者身上。

从"依靠理性的争论"到
"依靠人际关系及外交手段解决问题并影响结果"

出现意见分歧时，你主要关注的是事实吗？你会只从事实和细节出发为分歧寻找合乎逻辑的解答，而不考虑其他人的反应吗？

即便有证据表明自己做出了正确的选择，你仍然难以推进项目向前发展吗？

你是否发现自己需要越来越深入的分析，才能证明自己的正确性？

你对同事及利益相关者本人的了解是否仍不够深入（不了解他们的偏见、希望、爱好及优点）？

你是否会在不注意言辞影响的情况下说出自己想说的话？

作为专家型领导者，你通过理性及逻辑来展现事实，以解决问题并对结果产生影响。一般来说，胜出的是拥有更多事实、更优秀的分析及逻辑的人，至少我们是这么认为的。PPT 或者数据表做得越好，效果就越好。提出合理的论点、提供强大的证据支持、推销自己的观点与过往经历，你可以通过这些方式赢得其他人的支持。你得到的建议都必须彻底屏蔽感情。理性就是一切。

成为整合者后，人际关系和外交手段就成为更有影响力的驱动因素。争取其他人的支持，你依靠的是广博的人脉；因为你能把所有人团结在一起，因为人们了解你、喜欢和你一起工作，因为你能激励鼓舞他人，也因为你知道如何与不同的人交流、激励他们发挥最大潜力。这些都是外交手段。

想让其他人按照你的意愿行动，你会遇到很多障碍。其中半数障碍集中于你和对方的关系：他们对你的信任程度有多高，他们有多喜欢你，以及他们眼中你的形象。其他障碍在于他人对你提出的解决方案的态度：方法与他们的信念是否相符，你的沟通方式能否得到他们的理解，方法是否符合他们的利益，等等。因此，移除障碍的关键在于两个重要活动：第一，构建牢固的人际关系，寻找共同点；第二，理解其他人的想法、要求和感受。与他人建立联系，理解他们的表达方式，你在这里绝不是白白浪费时间。我在第六章中讨论了成为连接者的重要意义。除此之外，大家还能找到很多建立人际关系的方法：学会他人的表达方式、培养灵活性、建立同盟关系、小恩小惠，以及利用外交手段解决纠纷。这些方法均涉及与更广泛的人群建立联系，并了解他们的想法。

学会他人的表达方式

你的影响力一定程度上取决于你使用的语言。想影响一个重视数字的人，你需要用数据展现自己的观点。如果对方更重视概念，你需要展现的就是整体概念。如果一个人希望自己的专业能力得到认可，与他合作时就要想办法认可他们的工作成绩。让对方进入心理舒适区，以此提高你的影响力。

"理解表达方式"练习：确定想用某个观点影响的具体对象。动用人脉、社交媒体及内部关系了解与这些人合作的最有效方式。

建立联系的最佳方式是什么？打电话？发电子邮件？还是预约见面？

他们采用什么样的表达方式描述问题和机会？

他们有什么样的风格？喜欢如何工作？他们对结构性的工作更有兴趣，还是对概念性或全新解决方案更有兴趣？

做什么事会让他们感到兴奋或激动？

他们的个人兴趣是什么？你们之间有什么共同点？

他们有什么计划？你的计划能否与他们达成一致？

试着用对方喜欢的表达方式重新表述你的想法。先和好友练习，以便日后能更加自然地做出表达。从自己信任的人那里获得反馈，了解自己的重述表达能否起到作用。

培养灵活性

加强对自身现有风格和喜好的认识。比如，你可能偏向用逻辑性、分析性和理性的说法直白地反驳不同意见。即便对话氛围变得紧张，你也不会在意。这当然是解决意见分歧的一种方式，但绝不是唯一的方式。为了培养灵活性，你需要思考自己经常使用的方法，再寻找采用不同方法的其他人，了解他们的应对方法。研究其他人采用的不同方法后，你会有一种大开眼界的感觉。通过这种方式，你会逐渐发现多种多样的工作风格。接下来，你需要练习不同的方法，直到形成习惯。

"**改变风格**"练习：要改变风格，首先你需要了解自己与其他人的风格差别。很多评估工具可以帮助你了解不同风格间相对明显的区别。我经常使用以下列表帮助客户确定工作方法上的差别。不管处于列表的哪一边，你需要寻找处于列表另一边的人，了解如何调整自己的工作方式、适应对方的要求。你可以试着用对方的风格进行交流，不要执著于自己的风格（见表 7-1）。

表 7-1　细节型和大局型

细节导向型	大局导向型
内向——发言前喜欢留出思考时间，通过首先转向内心而获得能量	外向——喜欢通过交流了解对方的想法，喜欢主动出击
包容——包容很多人	选择性——选择包容对象时非常挑剔
开放——偏向公开分享	保留——偏向不分享大量细节
结构性——偏向系统化、有秩序的工作方式	开放式——偏向探索，观察发展过程中出现的情况
分析型、批判型——讨论时很有逻辑性，会随时挑战其他人的观点	对其他人的反应敏感——讨论时小心谨慎，尽量挑选不会冒犯他人的说法
控制、决定——偏向掌控全局、做决定	让其他人决定——偏向让其他人为自己做出决定
违反规则——视规则为指导原则，会挑战规则	遵守规则——视规则为绝对界限，很少挑战规则

建立同盟关系

过去，为了在提案前提前获得支持，人们会召开"开会前的会议"，建立同盟关系可没这么简单。同盟小组中的成员承诺通力合作，至少在特定问题上互相支持。

在伦敦的一家咖啡店里，我曾经无意间听到 3 名经理的讨论，他们在研究如何对付一个难缠的同事。其中一个人问："我们都 100% 同意这么做，对吗？"3 个人非常仔细地确定了各自要说的话。这就是同盟，而且根据他们的语调，这对他们在公司未来的发展具有重大影响。我经常见到这样的行为：一小组人围绕特定活动结成强力联盟，小团体中的所有人团结一致。

更多时候，建立同盟其实是加入与自己世界观相同或至少拥有共同目标的人，这样自己的计划（以及对方的计划）才能获得向前发展的动力。你可以让其他人在会议中表达你的观点或担忧，以此调动同盟发挥影响力。在平均 10~12 人的会议中，强力结合的 3 个人就能改变会议走势。

记住，你无须独自参加会议。带其他人共同参会，有时能扩大你的影响力。比如，一个客户意识到自己难以说服首席财务官，于是他带上一个财务能力更为优秀的同事。他说："我同事在这方面比我更强，他让我看起来更聪明。"以这样的同事为盟友，有助于他说服首席财务官。

也许看起来不明显，但头脑风暴却是建立同盟的好方法。询问各方意见，认真倾听并吸收合理部分，这等于各方一起创造了联盟。各方也更能接受最终结果，因为其中包含了他们重视的东西，他们贡献了其中的部分理念。一般来说，这样的最终结果也能让人们更细致、更充分地理解问题和各种选择。

"建立同盟关系"练习：针对目前正在进行的工作，列出对结果有兴趣的人员名单，确定他们对你的想法存有积极还是消极的态度。对于持积极或中立态度的人，他们对你的工作的主要兴趣和担忧是什么？从关系最亲密、你最信任的人开始，征求他们的观点和建议。认真听取并吸收他们的建议，这既能帮助你完善计划，又能让你获得他们的支持。获得这部分人的支持后，制订策略，争取下一组人的支持。如何面对不同的人？你需要询问他们的观点和建议吗？需要头脑风暴解决方案吗？需要单独和每个人交流，还是要带上其他人一起交流？如何调整自己的计划、将他们的担忧和兴趣融入其中，又不会在核心理念上做出过多妥协？与你合作，他们希望得到什么回报？

小恩小惠

所有人际关系均建立在社会交换的基础之上：如果我为你做了什么，你往往给予同等的回报。工作环境中的秘诀，就是做一些微小、有帮助的小事。比如，发送一些有用的信息给同事，从而鼓励对方也向你表达善意。随着时间推移，这些善意也会逐渐积累。我经常听到资深领导者谈论如何构建人际关系，他们通过分享信息、鼓励，让同事赢得争论及建立感情联系等形式，最终获得了更大的影响力。

"小恩小惠"练习：列出 5 名自己有意影响的同事。除名字外，列出每个人的担忧和兴趣。再列出自己能做的、有助于对方的小事，采取相应的行动。

利用外交手段解决纠纷

一般来说，当你试图影响一个结果时，你总会和希望获得不同结果的人产生纠纷、分歧，甚至双方关系会变得紧张。专家型领导者可以通过深挖事实，用逻辑和理性解决分歧。然而，在人际关系和外交手段方面占优的整合领域，只有逻辑和分析就不够了。在这个世界里，你需要更多的工具。

将"自己的信念、谁或什么是否正确"的想法放在一边，关注什么真正具有可行性，什么能说服最多的人，做什么能推动局势继续发展。最重要的是，了解其他人的立场究竟是什么，以及他们为什么会有这样的立场。即便对方的观点不正确，他们的错误背后也许有着正确的理由。如果有意影响结果，你的任务就是彻底理解对方的理由。

"解决纠纷" 练习：陷入矛盾纠纷时，遵循以下步骤：

不要跟随本能，按照直觉反应查找事实，并与其他人争论。

首先，学会了解其他人的观点。询问对方的意见；了解他们的看法以及背后的原因。态度友善，保持好奇心。

留意其他人的情绪。情绪通常是问题的核心根源之一，因此，理解情绪化的反应也有助于理解问题或局面。做好心理准备，你可能需要谈论自己的情绪，并询问对方的感受。

留意对方的防御性反应（关于防御性反应可参考后文）。

通过重述了解到的信息，表明自己发自真心地理解对方。总结关键要点，整理自己了解到的信息。

推动双方朝共同可接受的解决方案前进，或者迈向共同可接受的下一步。

利用人际关系影响他人，这需要高度的灵活性和极强的适应能力。这并不是说你必须改变自己，或改变自己想要传达的核心信息；这只意味着改变表达内容或表达方式。固执地只用一种方法做事，教条僵化，这是效率的大敌；这只会毁掉合作、创新、投入与影响力。我在推荐阅读部分，列出了我最喜欢的与影响力有关的书。

从"围绕事实沟通交流"到"带着感情进行交流"

掌握事实和数据时你是否最有信心？

你是否总是要求证据和数据？你是否尝试忽视其他人表达的情绪？

当情绪凌驾于逻辑分明的事实性讨论时，你是否感到沮丧？

你是否会忽视或摒弃自己的情绪反应？

总的来说，专家型领导者会尝试规避情绪，他们喜欢关注数据和扎实的过往经验。他们接受的训练就是任何环境下都要"去除情绪"。在专家型领导者眼中，情绪对决策会产生负面影响。

然而，人类在决策和判断时根本无法排除情绪的影响。事后，人们往往又会用逻辑为自己的决定做出解释。数不清的实验证实了上述思维流程。诺贝尔奖得主丹尼尔·卡内曼（Daniel

Kahneman）和其搭档阿莫斯·特维尔斯基（Amos Tversky）及众多科学家均证明，即便人们知道实验者在做什么，即便针对某个决定接受过大量的逻辑训练，人们的决定仍然与逻辑和事实无关。丹尼尔·加德纳（Daniel Gardner）的《恐惧的科学》（*The Science of Fear*）考察了数百项实验，展示了恐惧如何驱动我们的行为和信仰。情绪无法消除，也无法规避，而且确实会影响我们的判断。

那么一个领导者，究竟会怎么做？

首先你要认识到，情绪能够携带与事实和数据同样多的信息。情绪本身就是另一种形式的数据。实际上，从说服、影响和信服这些角度出发，情绪也许比其他"事实"承载了更多信息。一旦接受了"情绪具有相关性"的现实，你就可以学会将情绪容纳进自己的交流对话。

你需要先理解自己和其他人的基本情绪；随后学会管理情绪，这包括认识到防御行为、获取平复情绪反应的方法及谈论情绪。

理解基本情绪

大多数人认为自己拥有很多不一样的情绪，但科学研究却表明，人类只有少量基本情绪。尽管研究者对最基本的情绪分类存在分歧，但我认为以下几种情绪在工作环境中最有用：愤怒、厌恶、恐惧、悲伤、意外和快乐。举个例子，也许我会因工作进展停滞不前而感到沮丧，但这里的基本情绪却是我对工作没有如期推进感到愤怒；或者我产生了一丝恐惧，因为这会让我在经理面前难堪；我也有可能感到悲伤，因为我没能为团队提供最大的帮助。坚持最基本的情绪可以帮助你确定最真实的感受。

"基本情绪"练习：自己对未来感到沮丧、失望、幻灭，或者感受到其他负面情绪时，你需要从上述基本情绪中找出最能描述自己核心感受的情绪。接着问自己，每个基本情绪的根源究竟是什么。在日记中写下这些内容，追踪自己感受到的情绪，以及何时感受到这些情绪。寻找其中的模式，注意触发这些情绪的原因。

管理情绪

我们的目标，是在彻底忽视所有情绪和过于情绪化之间寻找中间地带。人类是感情动物。如果想让一个人最大限度地发挥潜力——无论是创新、承诺还是保持激情，你就必须调动对方的情绪。学会有控制地表达情绪，能够提高对方的参与度。当你的情绪表达不受控制，或者没完没了地调动情绪时，你就会过于情绪化。我相信，你只需要一句话就能表达自己的任何情绪。

想要有效表达情绪，第一步就是要注意到情绪的存在；第二步则是理解真正的情绪；第三步是学会有意识地做出回应；第四步则是长期计划，你需要了解触发不同情绪的原因，以此为未来做好准备。

让我们用一个例子说明上述步骤。由于一个项目没完没了地开会，萨缪尔感觉时间都被浪费了，因此他很沮丧。在他看来，那些全是重复性的讨论，除了绕圈子，起不到任何作用。如果观察萨缪尔，你会发现他明显心不在焉，有时对其他人还有敌意。一个同事做出了一个评价，萨缪尔认为这个评价既不正确，也对团队不公平。萨缪尔想到什么就说什么，因为他没能管理好情绪，所以他的话听起来具有攻击性。

萨缪尔真正的感受是什么？在这个案例中，萨缪尔真正感觉到的不是沮丧和愤怒，而是恐惧。他之前经手的两个重大项目皆以失败收场，而这两个项目本该是他升职的跳板。然而，整个团队的工作不仅超出了预算，而且在所有问题上都无法达成一致。萨缪尔害怕重复这样的经历。当然，参加会议的人完全不了解他的真实感受。他们只看到萨缪尔发脾气，而且从自身角度情绪化地解读萨缪尔的情绪表现。

理想状态下，萨缪尔应当注意到自己的恐惧及其原因，同时知道出现这种恐惧心理时，他的反应很有可能过于激烈。他需要采用一种策略，将过去项目中的情绪与现在的会议隔离开。这样一来，一旦在开口说话前感受到这种情绪，他就能深吸一口气，暂停，再提出问题。这种简单的策略既能让他理解其他人的观点，也能留出时间让他的生理反应逐渐消散。

"管理情绪"练习：确定一个你极为关心结果的艰难局面。如果不关心结果，你就不会产生太多需要管理的情绪。一般来说，情绪化的局面通常与你眼中"难缠的人"（至少你认为对方难缠）有关。

你有什么感受？标记每种情绪，一定要落到基本情绪上。写下自己的感受。

什么事情触发了这些感受？你在过去什么情况下产生过类似情绪？想办法将对当下局面的感受与对过去事件的感受分割开，写下自己对这些问题的看法。

其他人可能产生什么样的感受？你不知道具体答案，但你可以猜测，日后再证明这些猜测是否正确。

头脑风暴。最好和一个朋友一起，想出 12~15 个可行方案。不要试图证明某个方案是好是坏，不要排除过去尝试过的方案。重要的是想出尽可能多的方案。超过 12 个方案，会有意想不到的效果。

你可能需要一个朋友才能想出更多的创意。

有意识地选择下一步行动计划。

现在，再来关注自己的感受。

"生理反应"练习：注意自己身体的感受；你通常会在特定位置感受到不同的情绪。比如，愤怒对有些人就是横膈膜附近的燃烧感。在说出可能后悔的话之前，"学会立刻注意自身感受"可以让你做出暂停，用既定策略应对情绪，进而更有效地控制情绪。

"日记"练习：用日记记录情绪反应。写下自己在会议或对话后的感受。不必修改，无须句句完整，也不需要连贯的思维；重要的是把所有的情绪和想法变为书面记录。一天后（或一周后），重温自己写下的内容。你的情绪触发点是什么？是什么导致出现那些情绪反应？为什么某个行为、话语或环境导致你出现那样的情绪反应？你的情绪反应究竟针对的是什么？

认识到防御行为

吉姆跳出舒适区，承担了一个全新的领导角色。目前他还没有跟上团队的工作节奏，还不熟悉工作流程或主要问题。吉姆最初的一个决定，涉及改变汇报的形式。当团队中一个年龄较大的成员质疑这个决定的必要性时，吉姆对他大发脾气，闹得所有人都不愉快。吉姆相信，打断下属的讨论是正确选择。他列出事实证据证明自己的选择，认为团队成员只是抗拒改变，不愿承认他的权威。

出现消极情绪反应时，我们会出现防御心理，也很难进行理性思考。这种情况下，人们很难与其他人进行建设性、有意义的对话。

想成为高效的整合者，你需要学会控制自己的防御行为。防御行为有很多表现形式，比如指责他人、心不在焉，或者揪住细节不停地争论。吉姆出现了两种形式的防御行为：针对什么是事实，他产生了防御心理；他将注意力、也就是指责指向了其他人。

下面的例子都是我常见的防御行为。你最有可能出现其中的哪些行为？

对事实和细节提出质疑。

自己说的才是对的，需要由我做出最后结论，或者说"没错，但是……"这样的话。

解释或者为自己的行为辩护。

抗拒或者不重视反馈意见。

态度冷漠消极。

冷嘲热讽，或者愤世嫉俗。

过于友善。

攻击或者嘲笑其他人或团队。

暴饮暴食，酗酒，疯狂消费。

过度自我批评。

按照威尔·舒茨（Will Schutz）的说法，当我们自觉渺小、没能力或者没有得到适当的关注时，我们就会形成防御心理，做出防御行为。防御行为能让我们避免产生被忽视、被羞辱或者被拒绝的感觉。这是人类的正常反应，所有人都曾经做出类似举动。为了消除自身的防御行为，首先你需要明确这种行为的本质——这是一种自我保护机制。其次，在出现防御心理的瞬间停止说话，倾听就足够了。再次，了解触发防御行为的原因。最后，采取行动，阻止防御行为扩大。

吉姆在上一份工作中拥有安全感，挑战和质疑一般都会导向具有建设性的对话交流。如果抽时间反思，吉姆就会发现，自己只是因为接手新工作的时间太短，才没有产生自己能够胜任工作以及被人看重的感觉。他过于焦虑，害怕犯错；他害怕下属认为他无能，担心上司认为选错了人。他还担心团队不重视他这个经理，担心自己做不出任何贡献。这种无法胜任工作以及不被重视的感觉，就是吉姆出现防御行为的诱因。吉姆如果尽快理解自己的触发点和防御行为，他就能尽快让自己的领导工作重回正轨。

"防御行为"练习：为帮助自己理解情绪化防御行为，你需要置身于一个有着负面情绪、矛盾、纠纷或受到批评的局面。

你究竟产生了怎样的感受？你在想什么？把这些想法写在纸上。

呈现出的防御机制是什么？翻看前页的防御行为，看看自己出现了哪些情况。补充自己认出的其他行为。

你想避免产生什么感觉？

向自己提出以下问题，制订一份行动计划：哪些可能是真的？我能做什么让我们的关系变得更好？我做了哪些能够提高自己能力的事情？接下来我还能做什么？

获取平复情绪反应的方法

如果发现自己过度情绪化，以下方法可以帮助你平复心态。

情绪激动时：

呼吸。从下腹缓慢、稳定地呼吸。为了平复情绪，要把注意力集中在呼气上，不要关注吸气。

切换至倾听模式。对方为什么会出现这种反应？他们真正想表达什么意思？

提问，确保自己理解对方的真实意思。

注意自己的情绪，必要时按下暂停键，事后再反思这些情绪。

事后：

注意自己感受到了哪些基本情绪，了解产生这些基本情绪的原因。

注意这些情绪的来源，不要把责任全部归结于自己或其他人。过去你在什么时候有过相似的感觉？现在的情绪，究竟因为眼下的事情还是过去的事情？什么事触发了这种情绪？

有必要的话，思考自己需要做出什么反应（参考前文管理情绪部分的内容）。

确定下一次出现这种情绪时自己准备做什么。你制订了什么应对策略？

有时间停下来思考时，以上所有方法都能起到很好的作用。然而，如果是在开会时发生激烈的争执，上述方法没有一个能起到作用。在这种情绪高度激动的情况下，只有少数几个方法有用。呼吸是最简单也是最有效的方法，因为呼吸能减少出现"对抗—逃跑—僵化"这一系列反应。静静地呼吸，不要关注吸气、呼气。第二种方法是拖延。提问时不要针锋相对，也可以询问参加会议的其他人有什么看法。最后一种方法就是暂停，想办法理解对方的立场。如果采用这种方法，你需要平静地要求对方更多地谈论他们的想法或感受，或提出问题，探寻对方更深层次的想法。

谈论情绪

有能力识别不同的情绪后，下一步就是想办法平静地谈论自己感受到的情绪，并且询问对方产生了什么情绪。

我的建议是，设计一个能够表达自身情绪的短句。多说一句，你都有可能"过于情绪化"，有可能触发他人的防御行为，或破坏整个交流氛围。一个好方法是，首先表达自己的感受，再询问对方的感受。

需要注意的是，有时为了强调某种说法，我们会说"我能看出来你很生气"或者"我知道你失望"这样的话。这两种说法都会让对方产生被冒犯的感觉，因为你在告诉对方，他们应该产生什么感受。实际上，你只需要问一句"对此你有什么感受"即可。

从"古怪的性格被人接受"到"发掘自己的领导气质"

开会发言时，其他人是不是会心不在焉，而不聚精会神地听你说话？

与高层管理人员的交流是否极少获得对方的反馈？

你是否觉得用姿势、语调和眼神接触的方式建立存在感是很不自然的做法？

你是否缺乏自信，特别是在讨论自己不熟悉的话题时？

优秀的整合者无论身在何处，均具有强大的存在感。他们在自信和适当的谦逊间找到了完美的平衡。他们说话不多，更多的时候是在倾听。他们总能精准地把握讨论的核心。因此，其他人愿意认真倾听他们说话，记下他们说出的内容。整合者的话语分量更重，影响力更大。我们不会在整合者身上找到经常存在于专家型领导者身上的性格孤僻。

领导气质，或者说气场，听起来像是与生俱来的特质，实际上却是可以通过学习获得的技能。首先，通过观察具有领导气质的人，理解其言谈举止的含义。领导气质存在于他们的外表、姿态以及语调中。看过大量视频后，我找到了领导气质的 7 个核心元素。

发出的信息简明扼要，条理分明，通常配有生动的描述或引人入胜的故事。

通过发出为公众量身定制的信息，领导者可与观众建立起感情联系；领导者认可观众的思维，还能表现出合适的情绪。

领导者做好了精神上的准备，对自己知道或不知道的内容有着充分的自信。

他展现出自信的身体语言：不会焦躁不安地抓衣服、头发、手掌或其他物体。进行合适程度的眼神接触。姿势稳定，声音平稳。

无论内心有怎样的情绪，均展现出平静克制且慎重的姿态。这样的领导者不会表现出失态或失控的样子。

他／她能坦然对待分歧或争吵，回答高难度问题时不会咄咄逼人；面对其他人的反馈意见或质疑，他们既不会过于针锋相对，也不会过度妥协。这样的领导者一次解决一个问题，不会试图同时结束所有战役。

他可以不受干扰地专注于一个人或一个问题。

根据以上标准为自己打分；列出自己需要改进的地方。经常回顾这份清单，尤其是在自己将要扮演重要角色之前。

"观察领导气质"练习：使用前面的列表，观察其他人的行为。关注资深领导者的视频，观察他们如何自我表达，对比自己和他们，了解其中的区别。世界经济论坛（The World Economic Forum）的网站上有很多资深领导者演讲的视频。你也可以前往金融区，观察记录大街上有什么人给你留下了深刻印象及留下深刻印象的原因，把这变为日常练习。以上述 7 种行为为标准，观察其他人如何利用其中的行为增强影响力。用视频记录自己的演讲，找来信任的人，让他们对你的形象做出批评。

"简明信息"练习：如果未来需要参加一个重要会议，思考自己想要传达什么信息。人们一般只能记得自己想表达内容的 1/8，所以不需要说太多。明确你希望其他人记住的两三个观点。把这些观点写下来，并且写下能够佐证这些观点的证据，比如有趣的小故事、事实、数据或其他人说过的话。这些就是你要说的核心内容。现在，脱离这些内容，确定自己要说的核心主题：你相信什么？你坚信什么？你的主要观点是什么？以这些内容为开篇进行演讲。

"表达讨论精髓"练习：参加重要会议时，如果和大多数人一样，你会在纸上按顺序记下会议内容。要想整理出讨论的核心内容，你需要通读笔记、梳理要点，但这需要大量时间。记笔记之前先在纸上画一条竖线，在左边留出一段空白。在线的右边正常记笔记；左边栏用于记录讨论的要点，在这里记录自己的想法。这能帮助你在讨论过程中随时整理思路。更重要的是，需要总结发言时，你只需要看一眼左边栏，就能找到关键词。

"信心"练习：肢体语言非常重要，其他人可以从中看出你是否缺乏自信，而提高自信的起点在于你的心理。身体和声音会透露你的想法。密切关注自言自语。如果发现自己说出任何形式的"我不够好"，你需要立刻打断自己。换一种信息。对自己说，我付出了时间，做好了准备；或者自我暗示，你对主题的了解不输给任何人，你能像其他人一样出色地完成任务。记住，所有人在尝试新事物时都会出现"冒充者综合征"[1]。

"肢体语言与信心"练习：我见到的大多数肢体语言问题，都是因为紧张的习惯导致的。人们通常意识不到自己出现了象征着紧张的习惯，比如站着或坐着时动作过多，手肘紧贴身体两侧，或者抓衣服、头发、袖口、戒指、笔或手机等。让朋友帮忙记录你的习惯，

---

[1] 冒充者综合征又称自我能力否定倾向，指按照客观标准，个体已经取得了成功，但本人却认为没有成功，感觉自己在欺骗他人，并且害怕被人发现自己在欺骗的现象。——译者注

观察一次会议中这些习惯的出现频率。了解朋友给出的反馈意见。

"察觉"是改变习惯的第一步。发现自己有坏习惯时，想办法立刻制止。

在由专家型领导者向整合者转变的人身上，我经常看到的一个问题，就是他们安静、矜持的天性。身为专家，人们期望你是一个深思熟虑甚至有些安静的人；在人们的印象中，你需要时间去思考。作为专家，人们愿意包容你在沟通上的不足。然而，作为整合者，疏远、内敛、不好接触这些特点就会引发问题。其他人不会轻易相信这样的领导者；他们会对内敛、矜持做出各种解读，比如不喜欢某个人、不信任某个人或者认为某个人能力不足。

某公司的高管曾经让我和公司的一个资深女性员工合作，该员工喜欢对自己的私生活守口如瓶。不管与对方关系多亲密，她都只愿正式地握手，不愿意拥抱或亲吻脸颊。她的上司认为她缺乏自信，不信任上司，而且不开心。很快我就发现，其实她非常自信，而且信任上司，生活也很快乐。问题只在于她是一个很矜持的人。她不会透露太多个人信息，也不喜欢工作中的身体接触。对上司做出解释后，他们改变了对她行为的解读，时至今日，双方的关系依然融洽。

假如你是内敛型的人，正在向 S 型领导者过渡，你需要额外关注自己的风格，避免遭到错误解读。找到一些愿意和他人分享的私人信息。安排好日程，在办公室里四处走走，与其他员工聊上几分钟。任何能够展现自己开放、包容心态的行为，都能提高你与团队合作的效率。

从"利用特定知识领导他人"到"用鼓舞激励的方式领导他人"

你认为激励其他人的因素和激励自己的因素是一样的吗？

你是否认为"受大家喜爱的"东西很好，但并不重要？

你是否花时间思考其他人的想法，了解其他人的动力？

你的演讲是否没能抓住观众的心，有时甚至无法引起他们的兴趣？

在专家世界中，其他人之所以追随你，是因为你的观点正确，他们可以从中学习，而且他们希望成为像你一样的专家。然而，在成为整合者后，你不能再依靠观点正确推动其他人前进。你需要鼓舞、激励其他人。

专家型领导者很少得到如何激励他人的培训，但像领导气质一样，其基本要点都可以通过学习而获得。你必须让人们了解公司的发展方向，尤其需要让他们了解为什么会选择这个方向。你必须将自己的工作与社会公益联系在一起，或者让工作具有使命感。为了让其他人信服，这些话必须发自真心。你需要调动自身情绪，当然，这不意味着你必须成为演说家，或者变得外向、活泼，但你不能再忽视其他人反应背后的人性原因。

"激励"练习：回忆上一次有人激励自己的情形。那个人是谁？他说了什么？是怎么说的？他说的话为什么让人感到振奋、鼓舞？写下这些想法。此外，向其他人推出一个创意之前，你可以先在值得信任的同事面前演练一番，以此了解自己想传达的信息能否鼓励其他人。记住，没有情绪，就不会有激励、鼓舞的效果。

如何激励其他人，始于对个人及团队未来发展的描述。含糊的使命宣言达不到效果；其他人必须生动地想象出具有吸引力的未来——一个值得为之奋斗的未来，值得付出宝贵的时间。这个目标，必须比获得市场地位或者实现数字目标更为高远。

最简单的一个方法，就是思考一个有待解决的问题，想象如何用引人入胜的方式描述这个问题。暂且将事实放在一边，重点谈论人性的影响。解释团队为什么需要解决某个问题。在这个方面，讲故事具有神奇的作用；讲一个能够阐明问题及其影响的故事。最后可以稍微描述一下最终状态，也就是解决问题后的未来景象。

带有使命感的话语

激励、鼓舞他人的核心，就是让对方产生使命感和意义感。研究人员发现，使命驱动的公司中员工的投入度更高、创造力更强，还拥有众多领导者梦寐以求的特质。有使命感并不意味着追求社会公益；这更多地意味着了解自己的使命，理解他人的目的，而且对公司抱有相同的使命感。确定使命的方法很多，我建议首先从"服务"出发。你的服务对象是谁？如何为他们提供服务（服务方法是什么，需要什么能力）？为什么需要提供这些服务？我认为，当人们静下心来了解自己提供的服务时，每份工作都会让人产生强烈的使命感和意义感。

接下来要做的是与其他人互动。想要高效地完成这个目标，你需要了解每个人的动力。你需要注意一个人何时表现出无聊或担忧的样子，了解他们的强点和弱点，确定什么能让他们感到兴奋。

针对不同的人变换说辞，这种做法在一些人眼中可能会被贴上"不真诚"的标签。可如果做得合理，重点就不再是变换说辞，而是强调和每个人相关的不同信息；你需要强调的是能够吸引对方认同的信息。重要的是改变风格，提高说服他人的效率。

理解其他人的动力是一个需要持续一生的训练，且难度向来很高。在我看来，以下列表涵盖了 75% 的常见激励因素。

归属感：成为团队一分子，融入团队，获得同事情谊，与喜欢的人合作。

帮助他人：有时间、有机会帮助他人，回答问题，做导师或教练。

让事情发生：有做出决定、完成工作的权威。

认可：被视为专家，做出的贡献得到认可。

快乐：有时间、有机会放声大笑，可以庆祝成功，享受工作中的乐趣。

可预测性：知道未来会发生什么，有能力制订并遵守计划，以此减少可预见的风险。

确定某个团队成员的主要激励因素后，你就可以用最能引起对方共鸣的方式传达自己的鼓励信息。比如，假如一个团队里成员的激励因素是归属感，你可以描述一个整个团队需要共同应对的全新挑战，这个人肯定会喜欢在这个团队中工作。

如果对方认为你不关心他们的感受，他们就不会受到鼓舞、激励。因此，你必须表现出关心之情。认真倾听、关注对方的话语，了解对方的个人信息，这些都能帮助你达到目的。

"鼓励他人"练习：让我们以上文的激励因素为基础，补充你认为有关的其他因素。注意其中的哪一个或两个因素是自己的主要动力。为每一个激励因素设计一个问题，通过向其他人提出这个问题，可以了解这个激励因素对他们的重要性。举个例子，在"认可"的问题上，你可以询问某个人是否真的喜欢因为个人经历、专业能力或成就而被其他人认可。从对方的表情中你就能知道那是不是他们的主要驱动力。在朋友和团队成员身上试验这些问题。想办法对每个团队成员确定一个核心驱动力；为这个驱动力量身设计一个可用于鼓舞对方的信息。

卡尔掌握了激励的艺术

独立思考的卡尔想明白了，他需要一个"思考搭档"，这个人能帮助他反思并演练对话。这个人是卡尔早年在公司里的同事，也是他信任的人。这个人刚刚退休，因此他既了解公司的情况，又是一位可信赖的知己。他可以不带感情色彩地听卡尔讲述想法，再给出有价值的反馈意见。

和首席执行官一样，这个思考搭档看到了卡尔试图成长为整合者的决心。他发现卡尔需要从更宏观的角度思考问题，需要继续拓展人际关系网。他也意识到，情绪是这个转变过程的关键。

这个思考搭档一定程度上能够理解卡尔对公开表达个人情绪的厌恶，所以在高档餐厅吃完饭、聊了很久之后，他建议卡尔尝试另一种方法：带着绅士般的好奇心去探索。他说，暂时放下自己的看法，试着理解别人的感受——了解其他人的世界观，了解他们重视什么、他们的动力是什么。认真倾听，只需要问几个简单问题，比如"再多谈谈"。

这个建议让卡尔想到了公司首席执行官在"一对一"及小组会议时如何聪明地利用沉默调动对方的情绪。卡尔意识到，沉默有时也能表达感情。沉默是传达某种情绪的方式，即"这件事非常重要，我非常关心"，而卡尔就是不好意思开口说出这样的话。

思考搭档还帮助卡尔理解了高管团队为何设立将药物开发时间减少2/3的目标。卡尔一直认为这个目标不切实际，只是管理层想当然地自说自话。思考搭档帮助卡尔认识到宏伟目标的力量。更重要的是，他帮助卡尔意识到，在寻找新技术中，卡尔所扮演的角色对实现目标具有至关重要的影响。卡尔突然兴奋起来，而且备受鼓舞。

接着，思考搭档让卡尔意识到，没有征求财务部门主管的意见就达成协议，究竟会让对方产生怎样的感受。卡尔承认，他应当先和财务部门交流，应当听取并吸收首席财务官的意见。他意识到自己可以采用不同类型的影响方式，去说服财务部门跳出条条框框的限制，从全新的角度看到这个收购协议。

在朋友的帮助下，卡尔为讨论收购计划起草了一份新的开场白，以便在未来出现与高管团队交流的新机会时使用。这一次，他选择了如下说法："如果想实现减少开发时间、超越竞争对手的目标，我们就需要大规模扩大分子和技术基地。今天我要说的，就是实现这个目标的绝佳机会。"

卡尔正在向真正的整合者转变。他明白，自己需要考虑个人形象，需要思考自己带给别人的感受。他明白，除了事实，自己也要包容情绪性的信息。过去，卡尔不愿意信任与他不同、不谈科学和事实的人。然而，他现在明白，表露情绪并不等于软弱。S 型领导者并非要每个人都开心，他们也不会回避艰难的抉择。S 型领导者需要勇气、力量和气质，也需要不一样的与人互动方式。

下一次收购讨论进行得非常顺利，卡尔重新赢得了首席执行官的欣赏。他很幸运。有时，不论你做出多少改变、获得了多少提高，你也很难消除在老板心中的消极印象。首席执行官知道卡尔可以成为团队里的重要成员；而成功则证明了首席执行官的眼光。

同样幸运的是，卡尔没有局限在纯粹的专家型职务中，否则他的观点只能局限于某个专业领域。卡尔与高管团队拥有大量共同点，因此他有机会与高管建立信任关系。他和几个高管都喜欢红酒和食物；他可以因此增加与团队相处的时间，建设必要的人际关系，为自己的理念取得成功奠定基础。

如果把卡尔换成卡拉（女性），想象一下事态会呈现怎样的走势。首席执行官会把自己的需求坦诚地告诉卡拉吗？会有思考搭档帮助卡拉调整思维方式吗？高管团队愿意通过吃一顿饭、喝一瓶好酒的方式了解卡拉吗？卡拉愿意跳出自己的专业领域吗？当卡拉生气沮丧时，团队会怎么看她？他们愿意给她第二次机会吗？

作为专家的女性通常有着出色的工作表现，但在她们进入 S 型领导角色后，情况就会急转直下，她们在工作中也会感觉非常艰难和吃力。这是一个复杂的话题，是我在下一章中要讨论的主题。

第三部分

实践篇：既有专业能力，
又有整合力

第八章
走出舒适区：先克服内耗，再寻找帮手

我与世界各地数千名女性中层及高层管理人员进行过交流。其中绝大多数人告诉我，当对工作内外的所有细节非常了解时，她们的心态最为放松，感觉最好，并能顺畅地与客户或高管交流。当谈话的主题在自己的专业领域内时，她们从不缺乏信心。

这些女性中的大多数人也不喜欢自我推销、自我吹捧。她们偏爱真正的精英领导体制，希望用工作质量和成绩说话。她们通常拥有强大的人际关系网，其中的人们在工作中倚靠专业能力；人际关系网中的人们都是女性领导者的拥护者，他们称赞她们的工作质量与可靠性。前老板通常是她们的导师。

总的来说，这些女性的职业生涯发展得非常顺利，这与我们在媒体上看到的报道有着很大的差别。女性确实从 E 型领导者角色的发展中获益良多；专家晋升路线的出现，使得女性得以跨越阻挡前人的各种障碍。无论是法律、人力资源、通信、质量管理、风险、

市场营销、财务，还是IT，我们可以在各个商业领域找到优秀的女性职场人。

大学时代，萨拉－简（Sarah-Jane，朋友口中的SJ）的成绩多数时候位列前茅。在夏天寻找实习工作时，好成绩帮了她大忙，最终帮助她在顶尖消费品公司找到了一份工作。职业生涯早期阶段，在磨炼市场营销技能时，SJ成为极为出色的动手者和执行者（在职业生涯最初的两三年里，知识工作中的女性的表现通常强于男性）。SJ成长为极其优秀的副手，人们可以依靠她将工作安排得井井有条，依靠她交出的工作业绩，也能依靠她指挥其他人完成任务。有时人们可能觉得她"过于莽撞且固执"，但没有这种精神就无法取得优秀的工作成绩。SJ对细节的关注和完美主义倾向受到重视，她也因此比同事更早地获得了晋升。

在SJ看来，自己的职业生涯发展得很顺利。工作让她兴奋，因为她能学到很多。她与现在主管市场部门的上司有着非常融洽的工作关系。SJ未来的职业生涯看起来非常明确：继续向前、向上发展。

游戏变了

一段时间后，工作中学到的内容不再让SJ感到兴奋。更糟糕的是，上司给出的反馈也越来越含糊。"继续做你正在做的事""你做得很好"，这样的评论无法帮助 SJ 确定未来的职业发展走向。突然间，她感觉自己下一步不那么明确了，而且看起来，这份工作她要做上一段时间了。

SJ 的上司得到了晋升，而 SJ 迫切地希望自己被提拔到上司的职位。尽管她没有明确对上司说过，但她觉得这个结果理所应当。然而，公司选择了另一个人——他们从其他部门调来了一个男性主管。

离任的经理与继任者见面时讨论的第一个话题就是 SJ。"你很幸运，"他说，"她会让你脸上有光。"前经理对 SJ 大加赞赏。"她是非常出色的二把手。无论让她做什么，不管情况多复杂、多混乱，她能都完成任务。我都记不清自己有多少稀奇古怪的想法被她转变为现实，给公司帮了大忙。保证让她开心，别放她走了。"

SJ 却开始质疑女性在这家公司的晋升之路，尽管在此之前她的晋升一帆风顺。从其他部门指派一个不了解专业领域的人担任主管，这在 SJ 眼中就是"男性旧势力关系网"的最好例证。她接到过不少猎头的电话，现在，她开始考虑跳槽了。

发生了什么？

游戏改变了。这个级别的领导者，重点不再是成为执行者，而是成为战略谋划家、思考者和激励者，成为能够让他人执行任务、完成工作的人。SJ 没有为这样的现实做好准备。她总是忙于完成工作，为了让上司把自己看作继任者而完成工作。说实话，SJ 也不那么愿意成为战略家或激励者。对于女性领导者而言，这种角色的难度更大，尤其是那些喜欢完成"命题作文"的女性领导者，她们不愿意在模糊、混乱、高风险的环境下独自确定需要完成哪些工作，也不愿意涉入办公室政治。

E 型领导角色仍然是女性的舒适区，也是能够满足公司需要的舒适区。

由男性主导的公司等级制度，通常也不愿意让女性承担战略及激励型角色。很多高层男性主管想要的是能为自己完成工作、处理细节、拿出高质量成功并推动其他人完成工作的下属。与此同时，大量研究表明，男性经理人并不认为女性具有战略眼光。从社交角度看，我们总是把女性放在二把手的位置上，并且让她们一直留在那里。

也就是说，我们谈论的是两个恰巧重合的舒适区：女性领导者和男性公司等级制度的舒适区。

偏爱与刻板印象的结合，在两类角色之间创造了一层看不见的障碍。这个障碍像极了臭名昭著的"玻璃天花板"①。

舒适区和玻璃天花板

我拜访的每家公司都会谈论玻璃天花板。有些女性抱怨受到了限制，有些吹嘘自己打破了玻璃天花板；首席执行官们发誓努力消除这个局限。实际上，人们并不真正了解这个问题的复杂性。

"玻璃"这个说法给人一种障碍是由"坚硬却脆"的物质构成的感觉，仿佛这个障碍对每个人来说都是一种外部存在，只需要用锤子就能打碎。可实际上，"玻璃天花板"是我们每个人创造出的具有伸展性、非常具有韧性的障碍；那是我们舒适区的边界。社会也许在上方设置了这种障碍，但女性也会在下方设置同样的障碍。

凯瑟琳是一家投资银行金融服务部门的优秀员工。公司提出让她升职，她本可以借此被更多人认识、负责更多业务、获得更广泛的客户群，还有机会成为常务董事，但她拒绝了这个机会。在她看来，这样的工作过于含糊，缺乏良好的计划性，而且风险过高。

---

① 玻璃天花板指在公司、企业和机关、团体中对某些群体（如女性、少数族裔）晋升到高级职位或决策层的潜在限制或障碍。就像玻璃一样，这个障碍虽然不会明文规定，但却真实存在。——译者注

然而，到了第二年，正如上司所料，凯瑟琳负责的市场对公司盈利不再重要。她的营业收入出现下滑，升职机会彻底消失。她的上司得出结论，她很乐意停留在原地，晋升对她来说并不重要。凯瑟琳完全错误地解读了上司提供给她的机会。

我认为，女性晋升到高级管理职位的关键，在于让她们了解如何轻松愉快地成为 S 型领导者，也在于让她们的上司了解如何培养她们的舒适心理。

实现飞跃

SJ 的新上司忽视了前任"不要放她走"的建议，而是想办法与她合作，推动她的职业生涯向前发展。他帮助 SJ 调动到另一个分公司的市场部门，承担了更重要的角色。她的职业生涯确实在发展，但走错了发展方向。在自己没有意识的状态下，她更深地陷入了"专家"框架中。

不过，SJ 的故事最终出现了不同寻常的转折，而我希望看到更多这样的转折。她的导师找到她，进行了一次非常直白且尖锐的交流。他提醒 SJ，不要忘记自己运营企业、负责收益的野心。

"你可以永远留在市场和战略部门，也能有很不错的职业生涯，"他对她说，"可如果不转向商业部门，不去了解销售、预算和预测，你永远也不能经营公司。"他指出，公司的运营部门目前有一个空缺，这个职位可以成为她涉足企业经营的敲门砖。他建议 SJ 申请这个职位。

对 SJ 来说，这是个让她痛苦的想法。"对我来说那是倒退，此外……"她不想明说，但她无法忍受那个部门的主管。

"SJ，如果你在这个专家职位上再多干几年，其他人就不会再认为你未来要做业务部门的领导，"她的导师说，"你永远实现不了自己提到的目标。"导师说，如果 SJ 提出申请，他会声援她，帮她说话。

这是一个艰难的决定，SJ 挣扎了好一阵才下定决心。她非常满意自己的全新 E 型领导工作，干得也很开心。不过，她最后还是申请并得到了新职位，向前迈出了重要的一步。从某种程度上说，这确实给人一种倒退的感觉，SJ 永远不会喜欢她的上司，但她学会了如何管理更大的团队，如何管理损益，如何应对难缠的客户。新工作为她提供了平台，让她能够提高自身的整合能力，展示自己承担更重要的管理角色的欲望。

如今，SJ 已经成为更大的商务团队的主管，她的员工遍布世界各地。

SJ 的幸运之处在于，她有一个愿意推动她走出舒适区的导师，也获得了可用作敲门砖的工作机会。凯瑟琳同样如此，她获得了东山再起的机会。当她意识到自己误读了之前的机会后，她的上司愿意再给她一次机会。凯瑟琳又用了两年时间才找到合适的机会，这一次，她毫不犹豫地接受了挑战。

然而，大多数女性就没这么幸运了。她们因为自身缺乏准备，错过成长机会，因而受到局限。另外，也不是所有人都能遇见帮助她们了解大局的导师。

发展、培养作为整合者的能力与名声

假设你运气不好，没有人愿意帮助你打开大门、帮助你为更重要的领导角色做好准备，你该如何向公司展示自己有整合能力呢？你又如何在现有的专家型工作中学习整合能力呢？我们开拓思维，可以找到一些新的方法。

在专业领域外做领导

寻找与现有工作关联度较低的领导职位。大多数企业内部均存在由女性组成的人际关系网，这些关系网也需要志愿者承担各类领导工作，比如为委员会提供服务、组织活动以及发掘成员的需求，或者志愿领导各项慈善活动。这样的活动逼迫你与其他人互动，讨论战略、设定优先事项，其他人也会推动你与更广泛的人群合作，发表公开演讲，培养领导气质，并且学会利用他人完成工作。

领导比自己更有资历的人

很多志愿工作需要与公司中的高级顾问或监督委员会成员互动。这是学习如何领导比自己更有资历的人的好机会；同样，参与招聘活动也有同样的作用。招募新员工时，你会与同事合作，这些人要么是比你更资深的招聘部门经理，要么来自公司的其他业务部门。

领导来自不同工作背景的人

寻找需要与不同部门员工合作的项目或任务。认识拥有不同专业背景的人，了解他们如何看待自己的工作。

指导他人

无论自己承担的是什么类型的角色——即便只是个人贡献者，你也可以通过做其他人导师的方式，展现自己的能力和素质。你的专业领域中是否存在能力不足的人？部门里是不是来了个新人？

有没有一脸迷茫的暑期实习生？需要承担起做导师的职责。如果需要帮助、指导的人纷纷向你靠拢，你的上司自然也会察觉。

抗拒完美主义

完美主义并不是女性的问题，但很多专家型女性确实有执迷于工作质量的倾向。完美主义变成终身的身份定位，有可能对她们的晋升努力造成损害。如果你是完美主义者，上司可能把你划入优秀执行者行列，而不会把你看作战略制定者。放弃完美主义并不是让自己懒怠，而是避免浪费时间。不要把时间和精力浪费在只能提高1%工作质量的琐事上。不要因为演讲稿上的字体或空格而烦恼，不要把时间用在回复所有电子邮件上。不要把时间、精力浪费在无法显著增加价值的事情上。

顾问、导师、拥护者和保证人

你需要一个能够提供建议、给你信心，还会给出逆耳忠言的支持网络。如果你和大多数女性经理人一样，没有现成的支持网络，你就需要着手搭建这样的网络。

大多数高级女性管理人员会提到"指导人协会"的概念，她们可以寻求这些人的建议，尤其在面对重大问题和挑战时。女性领导者向每个人征求特定类型的建议，比如向 A 征求战略方面的建议，向 B 征求办公室政治方面的建议。我觉得"指导人协会"并不完善。相反，我鼓励她们思考什么人分别适合担任以下 4 种类型的角色。

顾问

顾问指的是可以寻求建议的人。大多数高级管理人员认为，自己没有足够的时间成为合格的导师（即便他们参与导师/培训项目）；不过，他们通常愿意给出建议。如果遇到一位自己仰慕的领导，你可以请求对方抽出 15 分钟和自己聊天，寻求他的建议。如果参加培训活动，你需要特别留意某些领导者，他们有意愿和你交流。在这些情况下，你都可以寻求建议。如果喜欢对方的建议，珍惜和他们的交流过程，你可以寻求他们的更多建议。随着时间推移，他们可能成为你的导师。

导师

导师愿意告诉你真相，关心你的成长发展，投入更多的时间和精力对你提出建议。一般来说，导师关系会持续很长时间，甚至长达数年。你愿意和导师谈论棘手复杂的问题，会有心理安全感。

不过，需要注意的是，导师能起到多大作用，取决于你提出了什么样的问题。正如一位高级别领导者所说："如果你不带着问题找我，我就帮不了你，也不会成为高效的导师。"

目前为你提供高质量建议的上司并不是导师，他们只是做了上司该做的事。前上司 / 老板经常成为优秀的导师。不过我认为，你需要一个来自公司等级系统外的人做导师。如果和现任上司产生矛盾，或无法理解新上司的想法，你就需要一个来自公司等级制度外、了解你、能够给出有价值建议的导师。

拥护者

拥护者了解你的工作，会在他人询问时，对你做出积极正面的评价。一般来说，拥护者曾经与你在某个项目中或在你担任上一份工作时有过密切合作。在大多数机构里，一个人需要有众多拥护者才能不断前进。可能你能力极强，可如果没有大量拥护者，你升职的希望就很渺茫。你可以请求某人拥护、支持自己，但又不能逼得人太紧。理想状态下，你可以用"如果你支持我获得这个新职位，我会非常感激"的方式向对方提出请求。你可能不知道拥护者具体对你有着怎样的评价，但你应当对谁会支持自己有着清晰的概念。和这些人保持联系，即便已经换了工作，也要让他们了解自己正在做什么、想什么。

在 SJ 的案例中，她的导师支持她申请运营岗位。为了帮助 SJ，导师找到了运营部门的同事，与相关部门的主管聊过 SJ、她的能力以及她适合相关工作的原因，还谈到了他确定主管会喜欢上她的原因。

保证人

与拥护、支持相比，成为保证人是向前迈出了一大步。保证人会赌上自己的名誉支持你，会在艰难局面中为你提供掩护，采取行动帮你摆脱困境，还会为你提供机会。高效的保证人必须在公司内部享有极高的声誉，只有这样，他们才能成为你的优势。保证人因为有你这样的门徒而自豪，你取得的发展也会让他们骄傲。你的成功也是他们作为领导者的成功。不过，拥有保证人也意味着你需要做出交换。当一个坚定支持你的人需要帮助时，拒绝对方会带来极大的风险。

领导者同时只能成为少数几个人的保证人。你可能不知道某个人是不是保证人，对方可能不会明确告诉你。不过，你不能要求别人成为自己的保证人。保证人也不能指派——这是一个需要你自己去努力赢得的人物。

让我们换到对方的角度。就像这些角色在自己职业生涯发展中起到重要作用一样，你应当做出回馈，帮助他人。你正在指导谁？你支持谁？你是谁的保证人？这是展现自己作为整合者能力的3种方式。

SJ在职业生涯中做得尤其出色的一点，就是找到了一系列的强大顾问、导师、拥护者和保证人。职业生涯初期，她与非常资深的领导者合作，并且始终与他们保持着良好的关系。接手高级别管理工作后，当SJ发现团队没有她预期的那样坦诚时，就找到了可信任的人，征求对方的观点和建议；在策略没有达成预期效果时，她可以找人一起进行头脑风暴。在利用最重要、交情最深的关系时，SJ非常谨慎——她总会想办法提出正确的问题。

顾问、导师、拥护者和保证人，不仅能帮你设定更远大的目标，也能在你遇到挫败和走上意外的弯路时（比如SJ的案例）带你进行迂回。虽然看似倒退，不得不直面难缠的上司，但实际上你却是向前的。

还有一种职业生涯的曲折我尚未谈及：你被指派承担典型的E型领导者工作，但对相关领域几乎一无所知。这种现象相当普遍，也是我们下一章要讨论的主题。

第九章

双重能力：在专业性的基础上整合

我在这本书里始终谈及的一个话题，就是领导力类型的混合，人们在保留部分专家型领导力的同时培养自身的整合力。很多人都可能有这样的经历；即便没有亲身经历，我相信你随时都能看到这种现象。

这种现象如此常见的原因之一，在于很多领导者即便进入了全新领域，也会继续在一定程度上发挥自己的 E 型领导力；使用积累的专业知识让他们感到快乐。不过，出现这种现象最重要的原因，却与我们在第一章里提到的 E 型领导者的存在价值有关。公司与员工甚至高管，都希望也需要 E 型领导力。他们想要一个能够亲自动手的领导者，他们需要控制风险，也需要有深度的见解。人们敬重那些愿意亲自参与实际工作的领导者。没有什么是比领导者抓起铁锹亲手挖战壕更能振奋人心的事了——局势紧张时尤其如此。

这种对 E 型领导者的持续需求，打破了过去几十年经理人需要成为"通才"的固有观念。实际上，如果我有决定权，我会废除总经理这个职位，消除管理工作中"综合管理"的描述性说法。在当今知识经济的大环境中，纯粹的总经理很少有很成功的——我们在第二章里认识到的亚伦就是其中之一。更有代表性的情况是，如果身为通才却不了解管理对象具备的特定知识，即便不会直接失败，这样的缺陷也足以让这样的领导者在工作中举步维艰。

我在工作中见过的最让人痛苦的场景之一，就是看着志向远大的 S 型领导者被指派去管理陌生专业领域的一群专家，无法与团队形成足够的凝聚力。

我的客户扎克遇到的就是这种情况。扎克是一家大型咨询公司某实务部门的主管。他展现出了 S 型领导者的潜力，很受高管喜欢，因此，当公司需要一个人管理不同部门的不同业务时，扎克就成了第一选择。高管团队把这次调动视作培养扎克领导力的机会。和其他很多公司一样，这家咨询公司为了培养有潜力的人才，会经常进行类似的调动。此外，那份工作也找不到其他合适的候选人——该领域的专家都是没有发展潜力的 E 型领导者。

可新团队成员从未接受扎克，因为扎克不了解他们的专业；而扎克也不知道如何用令人信服的方式增加价值。当要求团队提出建议和选择方案时，他没有得到任何回应；整个团队拒绝与他合作。

团队成员采取了完全对立的姿态，制造了不和谐的工作环境。

团队的工作业绩不断下滑。最终，对方赢了，扎克丢掉了工作。这次失败损害了扎克的信心，也伤害了他的名誉。他花了很长时间才找到新工作，而新工作相比过去也是很大的倒退，他只能做特定领域的咨询工作。

扎克遇到的这种抵制相当常见。团队成员抵制扎克的做法是错误的吗？他们在一定程度上确实做错了。他们可能心胸过于狭隘，拒绝承认扎克的权威，不愿认可他的领导潜力。他们可能信奉一句老话：除非能做好手下员工的一切工作，否则就不算"真正的领导者"。他们可能对自身在公司内部的身份有着极为强烈的认同，对任何不了解专业的人存在偏见；他们可能担心他因为缺乏专业知识而在客户面前丢整个团队的脸。也许其中某人想得到扎克的工作；也许他们厌恶总部空降下来的领导；也许高管团队的"任何人"都能领导这个高技术团队的暗示惹怒了他们；也许扎克没有直接提供强化学习的机会，让他们不满。

不过，公平地说，扎克新团队的成员点出了一个很典型的问题：公司将新兴 S 型领导者放在陌生的 E 型领导岗位上可能存在的非常现实的风险——新领导对专业领域缺乏了解，可能导致他做出糟糕的决定。团队成员发现，扎克缺乏只有真正的 E 型领导者才能提供的"深度智慧"；他们也知道，缺乏专业技术知识的 S 型领导者有时会以自己偏爱的方式描述问题，进而忽视问题的复杂性。一个没有专业能力的人，对需要专业能力才能做好的事情，又该如何利用 S 型领导力进行管理呢？虽然很难，但不是不能，艾莉丝就是最好的例子。

"这取决于你"

艾莉丝是公司内部公认的优秀 E 型领导者，她的公司也在积极推动高潜力女性的成长与发展。公司的多元化尝试中的一个关键点，就是由管理委员会推荐女性担任高级管理角色，培养她们获得更多管理能力。

按照这个计划，艾莉丝获得了成为财务部门主管的机会，这个部门的成员来自多个业务团队。艾莉丝既不是财务专家，也没做过会计；她之前主管的是客户服务部门。不过，公司高层及即将成为她新上司的老板均有意培养她，要将她放在必须掌握 S 型领导力的岗位上。整个团队本身实力很强，并不需要一个财务专家担任主管。相反，这个团队需要一个能够做出改变的经理人。

在公司高管看来，需要改变的是财务部门的思维方式，他们自认为是"警察"，不关心商务工作。公司里的每个人都害怕财务部门，而高管希望艾莉丝协助财务部门做出转变，成为他们所支持的业务部门的真正搭档。他们希望艾莉丝指导、推动、培训她的财务专家们，让他们养成咨询型、乐于助人的工作方式。他们希望公司中的其他人愿意和财务部门互动。

接受这份工作之前，艾莉丝对公司高管提出了警告："你们知道我从没做过这种工作。"公司高管不介意，于是她接受了这份工作。

面对新团队，艾莉丝做的第一件事就是承认自身专业能力的不足。"我没法告诉你们怎么做具体工作，我不知道怎么做你们的工作，你们也不需要我告诉你们怎么做工作。如果有问题，我们可以交流，但我不会去做你们的工作，这不是我的角色，"她说，"相反，我来这里是为了改变，我的任务是帮助团队做出改变。"

有些团队成员觉得被冒犯了，一些人感到愤怒，其中一人想要离开艾莉丝的工作，团队的整体氛围很不好。有一个团队成员的态度尤其糟糕，他不愿意向艾莉丝透露工作的任何信息。经过几次试图构建信任关系的尝试后，艾莉丝终于对团队成员说："不管你们喜不喜欢，在管理团队面前，我就代表了这个部门，代表了你们和你们的工作。你们有两个选择：我可以用好的形象代表你们，也可以用坏的形象代表你们。"团队成员选择了前者。

接下来，艾莉丝遇到了关键问题：一个痛点。她的团队支持的业务团队要求他们提供越来越深入的分析。她的团队需要撰写一份又一份报告，报告多到团队成员感觉没有时间思考、提供有价值的意见，而公司最希望财务部门提供的就是这些意见。

这就是艾莉丝的着手点。她把团队成员召集在一起后说："我理解业务部门要求越来越多报告的原因，但其中很多报告没有任何价值。让我们想办法换一个方式。"显然，团队成员都希望减少这样的负担，艾莉丝的说法自然引起了他们的注意。团队所有成员共同审核其他部门提出的要求，检讨流程，最终设计了一个能够满足业务部门要求的服务体系。

对团队成员来说，这段经历让他们产生了不小的震动；这是他们第一次被要求团结在一起，以集体形式共同完成一个目标。艾莉丝立刻赢得了团队的信任，而当3个业务团队发现财务部门做出的改变具有极好的效果时，整个团队对艾莉丝的信任也得到了极大的强化。其中一人表示："艾莉丝，你做到了我们做不到的事。我们支持你。"

艾莉丝接着完成了转变财务部门工作方式的任务。在她的领导下，财务团队的角色实现转变，成为业务部门的顾问。

对艾莉丝而言，找到那个痛点既是运气，也靠她的直觉。然而，在通常由 E 型领导者担任的职位上，这一定会成为她这个 S 型领导者所信奉的理念。她相信 S 型领导力同样能够产生巨大的价值。

从广泛的意义上说，艾莉丝之所以高效，在于她的努力方向与公司对财务部门的发展设想保持一致。她比团队中的其他人更理解这个方向，还能在团队与项目整体间做出协调。艾莉丝成功的另一重要因素在于，她从上司那里获得了大量的支持和指导，后者对艾莉丝有着明确的期望和要求。

经验教训

扎克、艾莉丝这些志向远大的 S 型领导者，成功担负起了典型 E 型领导的角色。从他们身上，我们可以总结出两类经验教训：成功的条件，以及 S 型领导者要做的事。

成功的条件

技术能力强劲的团队

只有团队本身实力强大，拥有必需的专业技术能力，将 S 型领导者放在 E 型领导岗位上才有可能成功。

上司的积极支持

如果获得上司的积极支持，承担 E 型领导工作的 S 型领导者的成功概率就会大大提高。上司如何介绍新领导，以及新领导如何为团队增加价值，可以在很大程度上改变团队成员的沮丧心情。有时，面对心怀不满的员工时，上司需要为新领导提供足够的掩护。

明确的目标，以及增加价值的机会

让 S 型领导者承担 E 型领导角色的原因越明确，这个人成功的可能性就越大。公司需要确保团队成员理解，为什么是这个人而非 E 型领导者得到了这份工作。目的明确意味着未来存在增加价值的机会。理由不明确时，团队通常会给新管理者贴上"某人爱将"或"亲信"的标签，损害新领导者在任职初期取得成功的机会。

拥有出众 S 型领导力的导师或教练

接手前任为 E 型领导者的工作是一项艰巨的挑战。如果公司把相关职位看作人才发展机会，认为处在该位置上的人可以学习 S 型领导力，那么这个人就需要接受适当的培训和指导。在存在细微差别的各类问题上，这个领导者需要得到优秀顾问及导师的帮助。

S 型领导者要做的事

信任

既要相信为自己工作的人，也要核实员工的建议是否合理。S型领导者别无选择，只能相信团队的技术专家，认真对待他们的建议。这一切都要以信任为基础。不过，即便信任至关重要，但领导者仍然需要知道什么是"听起来真实"。这是一种感觉，源自经验以及对公司运作方式的理解，也源自对员工建议和其他来源的信息对比。

为团队增加价值

员工希望获得经理的明确指示，经理人也难以抗拒这种诱惑。如果不是技术专家，这种做法很难起到好效果。事实上，这可能为未来的爆炸性后果埋下伏笔，如果员工明知有错却仍然朝错误的方向发展，那是因为他们知道日后可以把责任推给经理人。

一个经理人无须成为技术专家，也能为团队带来各种价值。

领导者可以推动变革、建立联系、提供大局观、激励他人，还能解决机构性的问题。在很多案例中，领导者增加的价值，就是打造一个自信、具有凝聚力的团队，让团队不再是松散的人员组合。

寻找增加价值的方法时，我们可以从 3 个角度入手。第一个角度是专注于内部，通过提高沟通互动能力、增加讨论的方式强化整个团队。第二个角度则是对外，在更广大的机构内解决团队遇到的问题。比如获得预算，获得高管团队对某个项目的支持，或赢得其他部门的支持。第三个角度是帮助团队成员树立更好的声誉，获得更好的职业发展。

打造一个通力协作的团队

打造一个成员间懂得彼此依靠、较少依赖领导者做决定的团队。因此，领导者的成功将取决于能否打造一个具有独立能力的团队。

耐心，执著

学会以 S 型领导者的身份增加价值，这需要时间；让员工认可这些价值也需要时间。S 型领导者会强迫团队成员以陌生的形式进行工作，比如共同做出决定，而不再像过去那样由领导者一人做出艰难的决定。这样的改变无法在一朝一夕间实现。

总而言之，虽然优秀的 S 型领导力最终能够带来理想的结果，但将 S 型领导力应用于通常由 E 型领导力负责的工作，这对 S 型领导力仍然是不小的考验。

在这本书中，你找到自己的影子了吗？你是否发现自己就像茱莉亚那样在众多会议间奔波，无法适应新职位提出的诸多要求？或者你在莱昂纳尔身上看到了自己，作为所在领域的专家，愿意停留在相同的位置？索尼娅的故事——一个试图理解下属的专家型领导者，是否引起了你的共鸣？或者是亚伦，一个没有压力、承认总感觉自己有点儿傻的整合者？

或许你是安东尼、凯伦以及其他与我合作过的整合者，他们一步一个脚印地找到了属于自己的方向。

不管怎么说，这绝不是一个轻松的过程。

我的客户公司中，一位资深领导者曾经说过："很多人在过渡到非专家型领导者时非常挣扎。我记得一个经理信奉'除非迈过我的尸体，否则客户绝不会提出一个我无法回答的数据问题'。就是这种态度造就了她，让她成为杰出的专家型经理人，受到客户的高度重视。可若是想承担更多责任、对公司具有更大的影响力，她必须放弃一些细节。"

这也不是非黑即白的事情。拿着马绍尔·戈德史密斯（Marshall Goldsmith）的书，这个领导者表示："让你实现这个目标的做法不能让你实现那个目标，但这个做法让你实现了这个目标，所以不能逃避。"

他补充道："我仍然热爱专家型工作，面对繁杂而棘手的问题时，我喜欢亲自处理细节问题。这不是纯粹的从专家转变为非专家，而是一个进化过程。如果不进化，你的职业生涯就会陷入停滞。"

外界对你作为领导者也有着同样的期望。比如，你需要控制风险、服务客户、搭建团队、与同事合作、监控内部不断变化的汇报关系、创新、影响他人、传达具有吸引力的信息、传承文化、设定愿景及管理优先事项等。外界对你有着极高的期望，因此你感到压力过大，转而诉诸自己熟悉的、具有控制力的事情，这就不足为奇了。

作为领导者，你的专业能力被外界需要且受到重视，当你的工作无法让对方满意时，你同样能清晰地感受到外界的沮丧与失望。更糟糕的是，公司将你提升到一个职责更多、更有机会对公司整体产生影响的职位。相应地，他们也会因为你"缺乏"领导能力而感到失望。

公司也许没有为你提供必要的帮助。如果在超过 10 年的时间中，你用一种风格管理过一个团队且交出过出色的工作成绩，你可能不认为自己需要做出改变。这个问题也很微妙。你增加价值、完成工作、与人互动的方式，突然间不再符合公司的预期；为什么过去有效的工作方式突然间变成错误，其他人不会做出明确的解释。我见过太多的旁观者，得出一个领导者"不是正确选择"的结论。人们总是说："那个人被提拔到了能力无法胜任的位置。"

　　然而，这一切并非不可避免。我也见过很多人成长为优秀的整合者，他们不仅了解外界的预期发生了改变，也知道自身应该做出何种改变。

致　谢

　　我要向这些年来与我分享人生经历、职业生涯、沮丧与成功的所有领导者说一声谢谢。与你们合作，我学到了太多。对于允许我借用故事的人，我要尤其感谢你们。一些领导者在分享个人经历方面尤为慷慨，特别是约翰·墨菲；在他的帮助下，我学会从首席执行官的角度看待世界。谢谢你和我交流。

　　我尤其要感谢与我合作的所有女性高级管理人员。正是对你们的观察，我才第一次注意到专业能力在构建职业生涯中的优势与劣势。

　　感谢我在 VoiceAmerica.com 的执行制作人罗伯特·西奥利诺以及整个团队，是他们说服我制作系列广播。正是因为这个广播，我得以采访众多优秀的作家和咨询师，他们均对我的思维方式产生了影响。

　　我为专家型领导者写下这本书的想法，是在英国参加企业研究论坛时形成的。与吉利安·费兰斯共同撰写的报告，以及由企业研究论坛主持召开的会议，帮助我形成了本书的最初概念。论坛的迈克·哈芬登让我产生了为专家型领导者写书的想法。

没有这么多人的帮助，这本书不可能问世。在大卫·克里尔曼的帮助下，我写出了初稿；简·冯·梅伦是出色的经纪人；感谢来自哈珀商业的斯蒂芬妮·希区柯克；还有作家安迪·奥康纳尔，是他让故事变得精彩动人。

感谢我的商业伙伴利亚姆、彼得和安妮，感谢你们的支持和鼓励。致加娜，你是我合作过的最优秀的宣传人员，谢谢你。谢谢我的员工曼迪和凯利，没有你们，我真不知道如何是好！